Heures ouvrables
et carnet de doute

Raoul Sangla

Heures ouvrables et carnet de doute

Chronique

L'HARMATTAN

Collection Mémoires de télévision
Ina-L'Harmattan

Déjà parus

Palettes. Un regard télévisuel sur l'art, sous la direction de Pierre Fresnault-Deruelle, 2002.
Quand la télévision parle d'elle-même 1958-1999, Pierre Beylot, avec le témoignage de Daniel Schneidermann, 2000.
La mémoire télévisuelle de la guerre d'Algérie 1962-1992, Béatrice Fleury-Vilatte, avec la participation de Pierre Abramovici, 2000.
Scènes de télévision en banlieue 1950-1994, Henri Boyer et Guy Lochard, avec la participation d'André Bercoff, 1998.

5-7, rue de l'École-Polytechnique ; 75005 Paris
http://www.librairieharmattan.com
harmattan1@wanadoo.fr
diffusion.harmattan@wanadoo.fr
ISBN : 978-2-296-04717-4
EAN : 9782296047174

A Joséphine, près du chemin,
où toute vie traverse.

Quant à moi, ce qui me sauve,
c'est que, chaque jour, je fais pire.

Pablo Picasso

Avant-propos

Les mots ne sont pas les choses, et ceux qui vont suivre n'ont à voir qu'incomplètement avec "les durs pépins de la réalité": l'invention des images animées. Les mots provoquent des images aux yeux du lecteur et les images du sens, au-delà même de la parole qu'elles supportent : il suffit d'organiser les signes qui les composent plus avant que ne font, dans la vie, les minutes d'un greffier.

Pourquoi filmer ? Qui ? Quoi ? Comment ? Aux trois premières questions la commande répond presque toujours ; la quatrième n'attend réponse que du filmeur.

Quant au "comment ?" (la forme), c'est-à-dire "le filmer" (comme l'on dit le boire et le manger), il engendre le style et ses figures (la caméra n'est pas qu'une chambre noire d'enregistrement, elle est bien ce lieu de la nuit que la lumière désordonne). Les pages qui suivent souhaitent contribuer à la reconnaissance du champ de ces désordres.

R. S.

CHAPITRE 1

Où l'on voit qu'il faut un début à toute chose

Je suis devenu enfant de choeur, à six ans, et j'ai appris phonétiquement les réponses en latin que l'officiant attendait de moi pour continuer de dire la messe. Je ne comprenais pas ce que je psalmodiais mais la forme faisait l'affaire. Je retins, assurément, la leçon.

La persévérance que je mis à servir la messe et autres offices fut récompensée, dix ans plus tard, par ma découverte de l'inanité de la foi. La liturgie romaine m'apparut pour ce qu'elle était : une mise en scène du rapport des fidèles à leur dieu, dont les clercs étaient les réalisateurs ; je ne connaissais point, alors, le nom de ces deux fonctions, mais leur importance ne m'échappait pas.

La vanité de ce rituel fut évidente à mes yeux de nouvel athée, mais dans le même temps, son caractère esthétique me frappait, que la transcendance avait masqué jusque-là (je dis transcendance un demi-siècle, et plus, après les faits). J'empruntai à notre curé quelques revues d'art sacré qui remettaient en cause, à la fin des années 40, les formes sulpiciennes de la liturgie, alors hégémoniques dans les églises catholiques, et dont l'angélisme naturaliste décourageait toute curiosité. L'art nouveau, dans la statuaire notamment, réhabilitait le bois et le métal, et ses formes suggéraient plus qu'elles ne montraient, avec une grande et simple évidence, même pour un néophyte tel que moi ; plus tard, bien plus tard, je parlerai de litote (ce nom d'oiseau, pour dire la volière). Ainsi ai-je rencontré la beauté, la sans pareille, à jamais indispensable. Voilà comment un enfant de l'école laïque la rencontra, à qui ses maîtres, par ailleurs, enseignaient l'utile et le dispensable. Qu'ils en soient remerciés, ici.

A la même époque un texte de Serge Lifar me révéla le principe même des moyens de s'exprimer dont il donnait quelques exemples illustrés de métaphores plastiques, corporellement réalisées dans ses chorégraphies, ses décors où "l'arbre figurait la forêt, la carte le territoire". Je n'étais pas alors un familier du *Gradus* (ad Parnassum), mais je compris intuitivement qu'il existait des modes d'exprimer, de dire, d'écrire, dont le sens apparent pouvait en cacher d'autres.

Le vers alexandrin reposait dans le fruit.

Plus tard, ayant raté indignement mon baccalauréat, la sanction fut immédiate : cinq années de pratique du plâtre, des truelles et de la taloche, aux côtés de mon père (et au pair). Elles m'incitèrent à inventer un avenir fantasmatique. Il prit d'abord la forme d'un premier exil dans le Vaucluse où je découvris l'état de prolétaire - travailleur de l'Etat - et le Manifeste communiste qui fonde encore aujourd'hui mon idéal : la fin de l'exploitation de l'homme par l'homme (un peu simple à dire, peut-être, mais à réaliser, c'est moins sûr). Quoi qu'il en soit, contraint de quitter ma poudrerie nationale pour cause de syndicalisme (guerre froide oblige), je rentrais au bercail, dix-huit mois plus tard, et remontais sur l'échafaudage paternel.

Il me fallut alors trouver un substitut à ce goût nouveau de la revendication sociale que le milieu artisanal ne cultive pas spécialement, et la rencontre de l'abbé Gélos, Basque et professeur de philosophie, cinéphile aussi, vint à point, pour moi, qui ne sais attendre.

Anglet, entre Biarritz et Bayonne, passait alors pour une réserve de culs-terreux. J'y étais né et avais découvert le cinéma (un serial western) sous le chapiteau d'un forain, place des Cinq-Cantons, en 1936. Des années passèrent avant que je n'entre dans une salle de cinéma, le Royal, à Biarritz, où ma grand-mère était ouvreuse (j'ai de qui tenir). J'y vins quelquefois, de loin en loin dans l'enfance, puis à nouveau, rarement, dans l'adolescence. A 21 ans, je n'avais pas vu 21 films.

L'*histoire du Cinéma*, de Georges Sadoul, devint ma bible. Au sortir d'un chantier, mon père me l'offrit qui jamais n'acheta un livre. L'abbé commentait l'ouvrage ; j'y retrouvais l'esthétique perdue de vue depuis ma désertion paroissiale, et que j'appris à nommer. J'entendis, aussi, Mozart pour la première fois et découvris les arts plastiques ; j'achetai, avec Joséphine Bidondo que j'épouserai trois ans plus tard, mon premier tableau à un peintre espagnol, Liquin-Tar, un anarchiste exilé. Je le regarde encore aujourd'hui, veillant au mur de notre maison du pays d'Orthe, premier éclat de l'autre côté du miroir. En deçà, les chantiers succédaient aux chantiers ; les blagues gasconnes y entretenaient l'humeur, mais la fracture était irrémédiable, et je sus que je ne pourrais pas renoncer à mes découvertes, insoupçonnées à jamais, par mes compagnons. J'écrivis un scénario et son découpage par plans, racontant une gâchée, unité de mesure de notre travail : mélange du plâtre et de l'eau, attente de sa solidification et, avant sa "prise", le carrousel des deux compagnons, de l'auge au plafond, taloches brandies vers les liteaux en caillebotis que le plâtre pénètre pour devenir grappin ; ils luttent contre le temps, contre la "mort" du plâtre (le plâtre mort n'a pas d'usage). L'honneur des plâtriers exige de l'employer vif, sans en rien laisser dans l'auge. La gâchée me confronta au temps ; notre corps à corps devait reprendre vingt ans plus tard, par caméra interposée.

J'entamais donc ma carrière de cinéaste (virtuel) en mettant en scène mon travail (sur le papier) parce que familier, certes, mais aussi, mais surtout, parce qu'il produisait une gestuelle fonctionnelle, rythmée par l'entrelacs des va-et-vient ouvriers, que sa plastique hissait, à mes yeux, au rang de chorégraphie. Cette transmutation de réalité en art (cinématographique), de nécessité en contingence, de matière en beauté, constituait, pour moi, le bien-fondé de ma vocation nouvelle.

Il fallait monter à Paris pour le vérifier, ce que je fis, à 25 ans révolus, armé, par mon père, du goût de la belle ouvrage et de quelques "moralités" favorisant le sens de mes responsabilités (aussi vis-à-vis d'autrui). J'atteignis Paris le 3 octobre 1955 après une tournée de danses et de chants du Groupe basque *Etorki* que dirigeait Philippe Oyhamburu. Il m'avait proposé le voyage pour pallier un forfait dans la troupe. Encouragé, aidé surtout, par Joséphine, je décidais de rompre avec mon statut au pair et quittais père et mère dans l'instant.

Pendant le mois de septembre, nous sillonnâmes l'Allemagne de l'Est. Nous fîmes halte une semaine à Berlin où nous découvrîmes le Berliner Ensemble. Bertolt Brecht en personne nous offrit un vin d'honneur en compagnie d'Hélène Weigel et de la troupe. Nous fraternisâmes avec les acteurs. La découverte du répertoire brechtien et de son esthétique frappait, chaque soir, l'analphabète théâtral (et plus) que j'étais (j'avais vu *Lorenzaccio* avec Gérard Philipe, en Avignon, trois ans plus tôt, et rien d'autre).

Une scène de *Galileo Galilei* me décilla particulièrement : le cardinal protecteur de l'astronome vient d'être élu pape et va, pour la première fois, revêtir les ornements immaculés de la charge. Des diacres tournaillent autour du saint-père pour l'habiller pendant qu'un cardinal tente de le convaincre d'exiger de Galileo l'abjuration de sa doctrine devant l'Inquisition. Urbain VIII prend au début la défense de l'astronome, mais de moins en moins fermement au fur et à mesure qu'il revêt, pièce après pièce, ces ornements d'apparat. Il est dos au public depuis le début de l'action. Quand, enfin, il coiffe la tiare et brandit le bâton de Saint Pierre, il se retourne et dit : "Montrez lui les instruments." Il est devenu le vicaire du Christ et abandonne alors sa conviction d'homme au profit de sa responsabilité de chef de l'Eglise et de ses contraintes, qui ont gagné dans le même temps où les signes symboliques de sa charge s'accumulaient, pesamment, sur ses épaules. (Cette mutation n'atteint pas que les papes).

Je venais de découvrir, concrètement, ce que mettre en scène veut dire et que Serge Lifar m'avait fait soupçonné, dix ans plus tôt ; la forme n'est pas que le contenant du sens ; elle est, elle-même, (doit être) partie intégrante du message et non pas seulement sa messagère docile. La forme est donc aussi le fond, me dis-je alors et pour longtemps (j'ignorais alors qu'Hugo s'en était aperçu).

Alors commença la quête de cette unité esthétique. Elle n'a pas cessé d'être, pour moi, cinquante ans plus tard, une façon de Dulcinée, dans cette même ville capitale que je n'ai plus quittée. En 1955, il m'y fallait survivre ; je ne m'embauchai pas dans le bâtiment, page tournée, mais trouvai un emploi de livreur dans une boulangerie pâtisserie de la place de Passy, salarié six jours par semaine, de 7 heures à 17 heures, déjeuner offert, et pour dix francs quotidiens, chevauchant, dès potron-minet, un triporteur à rétro-pédalage dans l'hiver polaire de 1955-1956. Mon nouveau travail avait un parfum de bohème parigote, renforcé par la chambre de bonne où Joséphine, accourue à ma rescousse, m'accueillit.

J'avais quelque sens pratique et commençai par m'informer sur les moyens d'entrer dans les métiers du cinéma. J'atterris au 92, Champs-Élysées, siège du Syndicat des Techniciens du Cinéma C.G.T., où ma conviction gasconne me valut des sympathies. Je devins un familier du lieu, le mardi, jour de fermeture du magasin. J'y feuilletais *Le Film Français*, où je découvris qu'un film de Marcel Carné allait être produit par Clément Duhour, angloy comme moi (d'Anglet, dans les Basses-Pyrénées, devenues, depuis, Atlantiques).

Je le rencontrai peu après et lui dit mon ambition. Il me promit d'en parler à Marcel Carné, tint parole, me présenta au metteur en scène huit jours plus tard, au Studio Pathé de la rue Francoeur. Nous étions en février 1956.

Je n'avais jamais vu une caméra de ma vie quand j'entrai sur le plateau B pour le premier jour de tournage de *Le pays d'où je viens* (Françoise Arnoul et Gilbert Bécaud en étaient les têtes d'affiche), en qualité d'assistant-réalisateur stagiaire. J'avais, sous le bras, insigne distinction, le *script spiralé* : l'on me l'arrache impromptu ; je me retourne pour le voir voler par-dessus le décor, et Marcel Carné dont j'avais surpris la fin du lancer de me dire : “Raoul, un assistant n'a jamais de papier dans ses mains. Vous n'êtes pas un comptable”. Je me le tins pour dit. Une heure et demie après, au premier clap, je sus que j'abordais à la terre promise.

CHAPITRE 2

Où mon deuxième apprentissage promet d'être le bon

Je pris, très vite, la mesure de cette nouvelle réalité, et de son rituel, à l'instant découvert. L'arrivée des deux fauteuils pliants de toile verte, offerts par le laboratoire L.T.C. et estampillés des noms du réalisateur et de son chef-opérateur, Philippe Agostini, symbolisa, en la précisant, la mise en scène de la distinction dans l'équipe technique. Le cinéma n'échappait pas à la règle sociale commune. J'en pris acte.

Vint le filmer, dont je soupçonnais l'étiquette et que je vérifiais. Marcel Carné prit la parole le premier, s'adressant à ses opérateurs de lumière, de caméra, de son, en précisant le lieu de l'action à venir, préfigurant le mouvement des acteurs avant même d'avoir sollicité leur avis. Je trouvais ce comportement tout à fait normal, n'ayant, moi-même, jamais mis en doute l'omnipotence du réalisateur telle que je l'avais vérifiée, imaginairement, quand j'inventais le scénario de mes *Plâtriers* (l'habitude, dit-on, commence la première fois), et j'étais maintenant dans le camp de qui décide et dirige.

Il me fallait trouver ma juste place sur le plateau. J'appris à distinguer le champ, espace de la fiction, du hors-champ où campe la réalité à laquelle j'avais le privilège d'appartenir. La caméra, dont l'objectif changeait à chaque plan, me séduisait, mais je ne m'en approchai que plus tard, quand le réalisateur écarta son premier assistant et me confia la charge du plateau, au dixième jour de tournage. J'avais ouvert l'œil, et probablement le bon, dès la première heure du premier jour et bien m'en prit quand il fallut assumer ma nouvelle responsabilité aux yeux de l'équipe qui m'avait "à la bonne", comme disaient les machinistes (je n'ai jamais usé des abréviations courantes dans le métier : *machino*, *metteur*, *scénar*, *électro*, etc. J'ai toujours pris cette pratique pour de la pose d'initié pseudo ouvriériste dont mon passé de prolétaire m'exemptait). Je pris donc le plateau en main et veillai à la mise en œuvre de tous les souhaits de mon premier maître. Déplacements de caméra, problèmes de son, changements de décor, revue de détail des accessoires, mémoire du texte vérifiée auprès des acteurs, mouvements des figurants (je reconnus parmi eux, pour l'avoir vue, en photo, dans mon "Sadoul", Gina Manès, une ancienne "vedette" dont Epstein avait filmé le reflet du visage dans l'eau du Vieux Port ; je la favorisai : en la faisant figurer dans le dernier plan du jour, ce qui assurait son engagement le lendemain, pour la suite de la séquence ; elle était *raccord*, comme l'on dit en cinéma).

Rien, ou presque, n'échappa à mon attention. Je pus mettre mon œil à l'œilleton de la caméra pour diriger la prise de vue, par le photographe de plateau, d'un fragment de tel ou tel plan, sans avoir à payer une tournée générale. J'étais cinéaste.

La multiplicité des "prises" (de vues), pour chaque plan du film, m'étonna. J'avais l'habitude de la "prise" (du plâtre), de sa solidification progressive, qui ne nous laissait qu'une chance de réussite par gâchée quand, ici, le repentir était la règle. Le double sens de "prise", son pluriel, son singulier, ne m'apparut que dix ans plus tard, par pratique d'abord, par réflexion vite après, le temps devenu mon cheval de bataille, un dilemme aussi ("couper" ou ne pas "couper", voilà la question).

La fragmentation de l'espace et du temps de l'action, son découpage, me semblait le mode incontournable de filmer, comme j'avais pu le vérifier en visionnant des films dans les salles de cinéma. Il était "classique" (académique, en fait), de commencer une séquence par un plan d'ensemble, de situation, bientôt interrompu et prolongé par une série de plans, en champs et contre-champs, de plus en plus rapprochés des protagonistes, avec ou sans amorce, alternativement, puis de gros plans du visage des mêmes, évacuant l'espace au fur et à mesure. Marcel Carné ne s'en privait pas, filmant le même dialogue sous des angles et focales différents, multipliant les choix d'organisation ultérieure du récit, au montage. Mais l'assistant du réalisateur n'était pas payé pour en constater l'usage, à ce stade ultime qui est le domaine réservé du réalisateur, son pouvoir (quasi) absolu s'y exerce, sur le produit du travail de l'équipe, artistique et technique.

Je ne contestais pas ce statut de tyranneau et ne le mis pas en question quand j'exerçai, plus tard, la même fonction. Je fis simplement en sorte d'être plutôt un cheval de flèche, qui est peu sans l'attelage, lequel peut être néanmoins bien différent sous d'autres conduites.

Pour l'heure, il me fallait mériter mon titre, ne pas cesser d'apprendre à prévoir et devancer les besoins de chacun, pour que nulle attente ne contrarie l'avancée du tournage.

La modestie me fut bonne servante quand Clément Duhour, producteur de *Assassins et voleurs*, me présenta à Sacha Guitry, en qualité d'assistant, au lendemain de "mon" premier film (le personnage m'était relativement connu car il fréquentait Biarritz à l'occasion de mondanités dont *La République du Sud-Ouest*, parfois, rendait compte).

Le "maître" était assis sur un fauteuil roulant et me dit qu'en quelque sorte, j'en serai la troisième roue. Je respectais encore les vieillards, à l'époque, et fis mine d'acquiescer. Quelqu'un rit, de sa suite ; je me retirai pour reprendre le travail de préparation.

Nous tournâmes *Assassins et voleurs* dans un hall d'exposition de la porte de Versailles où je passai mon temps à convaincre les ouvriers du lieu "d'arrêter les marteaux" qui servaient à la dépose de stands hors service. Le premier jour, nous filmâmes la rencontre fortuite des deux protagonistes de la comédie, Jean Poiret et Michel Serrault. Leur face-à-face durait une vingtaine de minutes qui furent "dans la boîte" en un jour. "Dans les boîtes" serait plus juste, puisque deux caméras tournaient simultanément, l'une sur l'autre et l'autre sur l'une, les réunissant dans le même cadre, ici ou là. Je n'avais pas encore vu pareil dispositif qui m'initia au champ-contrechamp, en continuité, dispositif d'usage économique qui apportait au film, quasiment, le quart du temps de son récit et divisait par deux le cachet des acteurs. L'industrie ne perdait pas ses droits ni l'art ses servitudes.

Je n'ai pas gardé le souvenir d'une direction d'acteurs particulière, venant d'un amateur avéré de comédiens, même si les interprètes sollicitaient son jugement, à la fin de chaque prise. J'ai l'impression, aujourd'hui, plus que je ne l'avais peut-être sur le plateau, à l'époque, que le vieil homme ne souhaitait pas consacrer plus de temps qu'utile à ce qui était sa dernière réalisation cinématographique. Clément Duhour le remplaça en extérieur, à Deauville. Je découvrais les acteurs, leur fragilité opiniâtre, devenant leur familier dès leur arrivée au studio pour le maquillage et, dans leurs loges, pour répéter les dialogues du jour. Ce fut le premier film où mon nom parut au générique, avec une faute d'orthographe, un *t* final inventé par la production qui m'employait, pourtant, pour la deuxième fois et m'avait carrément oublié pour *Le pays d'où je viens*. J'appris ainsi, à mes dépens, que l'administration ne se mêle pas automatiquement de ce qui, pourtant, la regarde, et décidai d'épeler mon patronyme gascon à la prochaine occasion et à toutes autres, utilement.

Maurice Cam fut mon troisième maître. Je redis "maître" parce que ma formation professionnelle comportait, encore, bien des lacunes que la pratique pouvait peut-être m'aider à pallier, ce qui est bien la seule méthode d'apprentissage dont j'ai jamais usé. Maurice Cam avait été dessinateur humoristique, puis réalisateur d'un film dont je ne connaissais, par ouï-dire, que la première séquence : le héros aperçoit depuis le métro aérien, à Paris, entre la Porte de la Chapelle et Jaurès, deux hommes qui se battent au couteau dans un appartement du boulevard. L'un d'eux s'effondre. Le héros descend à la station suivante et court vers l'immeuble qu'il tente d'identifier (je n'ai jamais su quel était le titre de ce film, ni ne le vit). Cet incipit me semblait exemplaire et créditait d'inventivité mon nouveau réalisateur. Il était rieur comme peut l'être un Corse généreux (*Cam* était un pseudonyme) et mon humeur aquitaine lui convenait. Nous repérâmes les extérieurs dans Paris où l'action réunissait trois parachutistes venus défiler, le 14 juillet 1956, et dont les aventures constituaient le film, *L'amour descend du ciel*, avec Darry Cowl, Claude Brasseur, Jean-Paul Roussillon. Je découvrais l'amont de la mise en scène, le temps où naît le désir du réalisateur provoquant le choix des espaces, ici plutôt touristiques, des lieux communs en somme, tels que les réalisateurs américains, eux-mêmes, ne manquent pas de les filmer, passant par Paris.

Je fus chargé de diriger une seconde équipe, au pied de l'obélisque de la Concorde, qui assurait les plans d'ensemble des bataillons se déchirant dans l'axe de notre objectif. Je prononçais pour la première fois, à haute voix : "Moteur !", apanage magique pour enclencher la caméra, et "Coupez !", au terme de la prise. Le caractère prédateur de l'impératif, me fut physiquement révélé, et aussi cet éclat d'ivresse, inconstant compagnon de mon doute opiniâtre, à chaque plan tisonné.

Guillaume Radot m'engagea en qualité de deuxième assistant à la rentrée de septembre. *Fric-frac en dentelles* était mon quatrième film dans l'année 1956, score exceptionnel pour un débutant. Ma modestie ne s'étonnait de rien et j'enchaînais sans sourciller, dans le sillage du "premier" (assistant) qui avait apprécié mon savoir-faire dans le film précédent.

Notre réalisateur n'avait pas l'allure d'un metteur en scène de convention, il semblait ne pas être tout à fait "du bâtiment", quoique maître à bord et charmant, comme l'on disait alors. Je fus chargé de m'occuper particulièrement de Peter van Eyck, acteur allemand peu utilisé en France et qui transita par Hollywood. Nous avions des rapports de sympathique complicité personnelle et professionnelle. Je tirais leçon de ses remarques publiques, sur le plateau, et de ses commentaires, à propos du tournage et des rushes quotidiens, pendant que je lui faisais répéter son texte français et corrigeais son accent, comme il l'exigeait fermement. Aussi surveillais-je le mien, qui chantait parfois, comme aux rives de l'Adour.

Le film se tourna en studio et en dyaliscope, dont l'image est d'un rapport 1 sur 2 (au lieu du 1 sur 1,33 pour le cadre traditionnel). L'horizon s'y élargit et le ciel peut venir à manquer, exigeant plus de recul pour la caméra et l'éloignement du sujet si l'on veut parvenir à le filmer en pied. Je fis ainsi l'expérience de l'influence d'un format sur la présence d'un personnage "à l'écran" en mettant et remettant mon œil à l'œilleton de la caméra pour régler les détails d'arrière-plan dont j'avais la responsabilité, vérifiant ainsi que pouvait y gîter le diable, comme dit le poète ("Le diable est dans le détail", attribué à Goethe par les uns, à Hegel par d'autres, ne me fut connu que bien plus tard dans ma carrière et cautionna ma conviction ancienne, jusqu'à nos jours).

CHAPITRE 3

Où ma traversée du désert se peuple de sauveteurs

L'année suivante, 1957, fut rude. Mes amis techniciens ne réussirent pas à m'imposer dans les films qu'ils entreprenaient - certains d'entre eux, tout au moins. Je découvrais le chômage, par ailleurs normal dans ce métier de “travailleurs intermittents à employeurs multiples”, mais l'épreuve était rugueuse. Je fis le siège téléphonique de Marcel Carné, qui allait tourner *Les tricheurs*, mais sans succès. Je rejoignais deux fois par mois la file des demandeurs d'emploi, à la mairie du 17e arrondissement et repartais avec mes cent francs bimensuels, sans rougir (le souvenir de mon père, honteux de pointer en 1935, pour cause de crise, me réconfortait ; j'avais en tête les deux motifs majeurs d'infamie de ce plâtrier magnifique : le vol et l'oisiveté). J'avais aussi franchi, tardivement il est vrai, sans retour néanmoins, le seuil de notre maison commune et ouvert l'œil sur le monde inclément. Les sans-travail, dont j'étais, n'avaient nulle honte à avoir, hors celle de renoncer à leurs droits et à leur devoir de combattre l'injustice de leur sort. Je profitais du temps libre pour inventer un nouveau scénario, en compagnie d'un ami, avocat sans cause mais secrétaire d'un syndicaliste confédéral, et dont le titre m'est resté en mémoire : *La mer échoue à Yen* (port de pêche sénégalais). Claude Faux, mon co-auteur, avait édité une plaquette de poèmes et finissait son premier roman, *Le réseau*, à paraître sous un pseudonyme quelques mois plus tard. Notre histoire inventée était d'amour et de luttes sociales mêlés, un film militant, romanesque et africain, car nous envisagions le cinéma - le nôtre - comme une arme de libération humaine. Rien de moins. J'avais, trois ans plus tôt, écrit un scénario basque dont l'action avait pour support la titanesque régate à rames de Pasajes où deux quartiers, San Pedro et San Juan, lèvent équipage pour s'affronter en mer jusqu'aux abords du dernier souffle. La culture du défi qui caractérise le peuple basque dynamisait l'histoire, immergée dans le franquisme du temps. Je n'échappais donc pas à la maladie infantile du cinéaste qui aborde l'écriture de longs métrages avant même d'attendre la fin du cycle de l'assistanat.

Aucun de ces deux projets n'aboutit, mais tel n'était peut-être pas le but de l'aventure malgré la naïveté qui me tenait au cœur ; il s'agissait plutôt d'entretenir le désir de persévérer, et l'occasion se présenta de tourner mon premier court métrage, pour le compte du Comité d'Entreprise d'Hispano-Suiza, de Colombes. J'inventai quelques péripéties dont les enfants étaient les héros pendant leurs vacances, en colonie du même nom. Un coiffeur, cinéaste amateur et sa caméra 8 mm firent l'affaire, et nous tournâmes une semaine dans le Vercors.

Le lecteur peut sourire en découvrant qu'il s'agissait d'un matériel non professionnel, imaginant que le support fait la différence, mais qu'il se détrompe : c'est le poète qui fait les vrais films et non la seule technique (même si je n'applique pas l'axiome à mon affaire).

Je ne m'encombre pas de souvenirs ; j'ignore la nostalgie (je n'ai pas revu ce film depuis trente-huit ans, et plus de trois cents heures d'images, réalisées depuis cet été de 1957, m'en séparent et m'y relient) ; néanmoins je garde en mémoire la première rencontre de “ma” caméra et de mon libre arbitre, étincelle renouvelée à chacun des tournages que j'ai dirigés et dirige encore aujourd'hui. J'étais au seuil véritable du labyrinthe dont je ne trouverai jamais ni l'issue, ni la raison d'être, mais dont l'arpentage était déjà, irrépressiblement, mon lot privilégié.

Il fallut bien partager l'espace en deux parties et désigner celle qui resterait visible, la moindre part, certes, mais élue, pour constituer le lieu du récit dont les personnages obéissaient à l'organisation préalable de leur comportement. Je redécouvris, ainsi, les deux temps complémentaires de la réalisation que sont la mise en scène et le (son) filmer. Comment préserver, et même exacerber, le sens de l'événement proposé - de ses fragments multiples - en le filmant de telle façon, plutôt que de telle manière ? Ce fut la question première que je résolvais en tournant, plan par plan, les aventures des colons de Colombes.

Je fis de même bien souvent, sinon à chaque occasion de tournage, tout au long de ma traversée de la cinématographie, fût-elle télévisée et même s'il m'arrivait de réfléchir, hors-champ, aux figures de styles dont le *Gradus*, plus tard, me fournit la nomenclature, et dont je tentai, alors, d'imaginer les équivalents filmiques. Je n'en étais pas rendu à ce point de ma recherche en sillonnant le Vercors, berceau de ce doute qui allait devenir mon compagnon fidèle et à qui je faussais déjà compagnie, mais juste assez longtemps pour me permettre de filmer, hors de sa vue. Le film convint à ses promoteurs et, tout récemment (au printemps 1994), la chose me fut confirmée par un ancien du Comité d'Entreprise d'Hispano-Suiza. Il sait où dort une copie du film et m'a promis de la projeter. J'avoue que j'appréhende cette rencontre. Les rares traces formelles que je garde en mémoire valent probablement mieux que celles impressionnées par la pellicule. Ainsi en va-t-il de toutes mes réalisations dont les manques me sont plus apparents que ce qui les sertit.

Je dus à la recommandation de Pierre Schaeffer, rencontré dans la nébuleuse bascophile parisienne, d'être engagé en qualité d'assistant-réalisateur par André Sarrut, fondateur, avec Jacques Asséo, des Films de la Comète, sis à Neuilly. C'était en novembre 1957, après dix mois de chômage. Je fus chargé de collaborer à l'invention de scénarios publicitaires, puisque c'était la spécialité de la maison, d'organiser leur tournage et de mettre la main au montage que je n'avais jamais approché en 35 mm, non plus qu'aucun assistant dont la recherche d'un nouveau film enchaînait, avec la fin du tournage précédent. Je n'étais plus "travailleur intermittent à employeurs multiples" mais "technicien engagé à durée indéterminée", un nomade sédentarisé.

Je découvris, à “La Comète”, le rapport social fondamental de l’offre et de la demande appliqué à un objet de commande. Pour moi, le désir de film, son scénario, précédait sa production, singulièrement dans l’imagination du cinéaste et par son invention ; la poule précédait l’œuf, en somme. L’affaire s’avéra capable d’inversion et nous nous échinions à donner aux désirs préalables des annonceurs une forme adéquate chargée de convaincre les spectateurs en salles de se transformer en clients du produit, indispensable, à nous en croire, nouveaux hagiographes de la consommation dont l’avenir allait confirmer le caractère tyrannique quelques années plus tard.

Tournant en équipe réduite (mais aux studios de Boulogne, néanmoins), je pus me familiariser de plus près avec la technique du son et de la prise de vues, ce que je n’avais pas eu le loisir de faire pendant le tournage des quatre longs métrages, l’année précédente. Après dix mois d’apprentissage ès publicités, Ado Kyrou, cinéaste, compagnon syndicaliste et ami, me proposa de le remplacer en qualité de premier assistant de Caude-Bernard Aubert qui préparait *Les tripes au soleil*.

Il avait tourné, quelques mois auparavant (1957), *Patrouille de choc* en Indochine, comme l’on disait du temps de Diên Biên Phu. Il ambitionnait d’être classé “Nouvelle Vague”, version “anar”, et son scénario avait des allures de militance anti-raciste, en écho à *J’irai cracher sur vos tombes* de Boris Vian, que l’on tournait à la même époque, à Paris.

Le tournage, aux studios de la Victorine, à Nice, me valut le bonheur de rencontrer deux acteurs de belle taille et différents : Roger Blin familier de Jean Genet et de Samuel Beckett, Grégoire Aslan venu du music-hall et dont la maturité dramatique s’imposait dans le film.

Une amicale familiarité s’installa, entre nous, à l’occasion des répétitions du dialogue, dans leurs loges, aussi des repas partagés à la cantine du studio, puis, plus tard, en ville, le soir venu. Le récit de leurs parcours professionnels m’enchantait qui ressemblait à une histoire de famille à laquelle j’avais l’impression de participer, maintenant.

La direction des figurants était de ma charge et j'établis avec eux des rapports de sympathie qui me valaient de recevoir de petits cadeaux, grappes de raisins frais de leurs treilles ou bibelots locaux. Le lien social était, déjà, pour moi, la vertu cardinale du citoyen, fût-il chef de file. Mon autorité sur le plateau s'exerçait sans contrainte pour quiconque. J'osai, un jour, suggérer à Claude-Bernard Aubert l'usage de la grue géante qui s'ennuyait ferme sur le terrain de la Victorine où nous avions planté un décor de rue (François Truffaut la magnifia, plus tard, dans une séquence de *La nuit américaine).* L'engin avait grand âge et sa manipulation exigeait son lot de machinistes. Je pressentais le vertige que son mouvement oblique imprimerait sur la pellicule filmant une rixe sauvage. Je le vérifiai, deux jours plus tard, à la projection des rushes. Cela fut la première des joies du réalisateur que je n'étais pas encore, un soupçon de juste prémonition, attestée publiquement.

Ainsi mon cinquième film renforça-t-il mon apprentissage qu'il faut bien appeler, ici, artistique. J'avais eu ma part d'invention en suggérant la mise en œuvre d'un matériel technique qui avait influé sur le sens d'un plan. Je ne connaissais pas encore, on le sait, l'usage - ni la théorie - des figures de style ; j'avais simplement éprouvé le désir de voir une action dramatique supportée, exacerbée par le mouvement même de la caméra, son travelling. Je venais de rencontrer, anonymement, l'hyperbole, dont je devinais qu'elle ne manquait pas de compères. Il me faudrait bien longtemps encore pour les nommer, faire chemin à leur côté et, d'aventure, “réfléchir avant de renvoyer mes images”.

Match contre la mort fut réalisé, entre avril et juin 1959, par le même Claude-Bernard Aubert, inspiré par un jeu télévisé du temps, *La tête et les jambes*, dont les animateurs figuraient, en personne, dans le film, Roger Couderc notamment, coryphée de l'épreuve sportive, automobile précisément, à Montlhéry. J'étais le premier assistant du réalisateur qui ne m'épargna pas, quelques semaines durant, pour d'obscures raisons, à moins qu'il n'ait “passé” sur moi sa culpabilité diffuse d'avoir accepté de diriger un scénario commercial, coproduction avec l'Italie

(Gérard Blain, Antonella Lualdi, Franco Interlinghi), quand il se piquait de “Nouvelle Vague”. Bref, les acteurs, ici encore, agrémentèrent ma traversée et d’abord le couple italien dont je surveillais particulièrement les dialogues, répétés avec eux avant que midi ne sonne, où commençaient les prises de vues sans interruption jusqu'à dix-neuf heures trente, aux studios de Billancourt.

Le chef-opérateur, Jean Isnard, avec qui je partageais, à proximité, les ragoûts mitonnés par la “mère Ducourret”, fut aussi un compagnon remarquable. Formé sur le tas, dans l’avant-guerre, à l’école des artisans les plus exigeants, il avait chantonné *Sambre et Meuse* en moulinant à la main, la pellicule qu’il surimpressionnait à la prise de vues des images de Gance ou de Baroncelli. Technicien sûr, il avait, par surcroît, cette invention débrouillarde qui appartient à la culture ouvrière française du spectacle. Le glossaire des plateaux était de ses plaisirs et je n’osai jamais lui avouer combien il m’était étranger pour ne m’être pas indispensable, même si l’usage de *licelfoc*, pour dire *ficelle* ou *corde*, m’évitait de payer l’apéritif à l’équipe entière (l’on sait que les charpentiers de marine, qui furent les premiers constructeurs de scènes théâtrales, y imposèrent cette pratique. Par superstition, ils disent “bout” pour nommer le chanvre, la corde du pendu. Les plateaux de cinéma, par extension, font de même.)

Chapitre 4

Où je deviens (co) réalisateur et découvre la télévision

Ado Kyrou me convainquit, cette année-là (1959), d'écrire avec lui un scénario de court métrage et de le réaliser aussitôt. Nous fûmes aidés par Roger Pigaut, alors producteur, et nos amis techniciens qui acceptèrent de "participer" au tournage (les guillemets précisent le caractère d'actionnariat volontaire de leur participation).

Ado venait de Grèce où il avait résisté durement aux réactionnaires indigènes et galonnés ; il avait le goût surréaliste et baptisa notre histoire *Parfois, le dimanche*, qui est le sous-titre de *L'âge d'or* de Buñuel et Dali. Il s'agissait d'amour, contrarié par la Guerre d'Algérie ; celui de Jacques Charby et de Betty Schneider. Jean-Louis Trintignant leur demandait sa route, à Ivry la Rouge, au volant d'une M.G., en route vers Kitzbühel. Les enfants de riches n'ayant pas plus de prix, à nos yeux, que leurs parents, nous avions ménagé le contraste bien volontairement. Jean-Louis avait tourné *Et Dieu créa la femme* deux ans auparavant. Il nous fit l'amitié de participer au tournage, et bénévolement bien sûr. Grâces à lui.

Nous réalisâmes, avec Ado, notre film en loyal attelage, décidant ensemble des angles, focales et durée de chaque plan. Je fis, seul, le générique de début, transportant, à pied, les rails de travelling courbes au sommet du H.L.M. Maurice Thorez, avec Oleg Tourjansky, notre valeureux opérateur et Jacques Audoir, vieux complice, mon assistant en l'occurrence. La réalisation me parut évidente, probablement pour cause de simplicité de l'écriture du film, hors ce panoramique de 360 degrés initial qui frisait la coquetterie. Je prétends, néanmoins et encore, qu'il était indispensable pour enchâsser l'action dans la banlieue, dont la réalité devenait évidente en regard de la Tour Eiffel à l'horizon. Ce fut la deuxième figure de style que j'inventais, sans plus connaître son nom que celui de la première. C'était simplement, en littérature, je le sais aujourd'hui, une épanadiplose, terme qui pourrait aussi désigner un plan qui commence et finit par la même image, comme deux propositions par le même mot.

Nous eûmes droit à la "prime à la qualité" et je me chargeai personnellement du partage que chacun des participants reçut à domicile par mandat postal et à part égale. Ainsi en avions-nous décidé avant le premier tour de manivelle, comme l'on dit dans les gazettes ; ainsi fîmes-nous, ce qui ne fut pas la moindre de mes joies dans cette aventure fertile.

J'étais au chômage, comme tout technicien entre deux films (mais le suivant menaçait de tarder) quand Daniel Georgeot, assistant-réalisateur, militant du Syndicat des Techniciens CGT comme moi, qui collaborait avec Stellio Lorenzi, à la R.T.F., me proposa le poste de deuxième assistant, dans son équipe. Je montai aux Buttes-Chaumont, où Stellio m'engagea sur-le-champ.

"Les Buttes", comme nous disions, abritaient quatre studios vidéo, aussi de répétitions, le stock de costumes, les ateliers, bois et peinture, l'administration et, dans l'aile la plus vétuste du lieu, la batterie de bureaux des réalisateurs de "dramatiques" ; ainsi nommait-on les fictions, pièces de théâtre principalement, hors les rares récits originaux dont *La caméra explore le temps* de Castellot, Decaux, Lorenzi, était parmi les plus célèbres. La R.T.F. diffusait alors deux dramatiques par semaine, le mardi et le samedi, à 20 h 30 et en direct.

Je n'avais, jusqu'alors, jamais vu un téléviseur, et l'imaginais simplement comme un écran cinématographique à domicile, ce qu'il n'a pas cessé d'être (c'est là l'invention majeure de la télévision, je le compris bien plus tard ; quel que soit le programme, quand il distrait, au double sens du mot : qui divertit et détourne). La production différait de celle d'un film, d'abord pour les acteurs. Ils devaient jouer leur rôle en continuité, en *direct*, comme au théâtre où le temps fictif est égal et confondu au temps de la représentation. D'où découlait l'obligation d'élaborer la mise en scène, dans les décors, figurés à la craie au plancher du studio de répétition, agrémenté de quelques meubles et sièges dont ils étaient pourvus en permanence. Je me retrouvai donc, au premier jour, en répétition de *Marie Stuart*, de Friedrich Schiller, avec Eléonore Hirt, Maria Mauban, François Chaumette, et de quelques seconds rôles, dirigés par Stellio Lorenzi, mon nouveau maître (je n'ai jamais pu parler de "patron" à propos des réalisateurs qui m'engageaient ; *patron* m'a toujours semblé recouvrir une notion de dépendance autoritaire à laquelle j'ai toujours préféré celle de solidarité volontaire entre producteurs de biens).

Pendant *Marie Stuart* se confirma une découverte, "œuf de Colomb" certes, et encore, mais fondatrice : la réalisation est composée d'un indispensable attelage, *la mise en scène* et *le filmer*, l'un pouvant phagocyter l'autre et l'autre le contraindre, en retour.

La fiction représentée n'a qu'un ordonnateur de l'espace du jeu : le réalisateur (régisseur, directeur, metteur en scène selon les latitudes ou les genres). Il définit les rapports fixes ou mobiles entre les objets, les sujets, et ces rapports (selon Einstein) sont constitutifs de l'espace. C'est l'acte initial de la mise en scène qui prend, généralement, les formes des conventions sociales du temps, en pratique dans le milieu concerné par l'histoire racontée.

La mise en scène de *Marie Stuart* s'élabora pendant trois semaines. J'assistais, à l'éclosion des choix de Stellio Lorenzi ; en sus des explications de texte, gestuelle, déplacements, ton des répliques, soupirs et regards même, constituaient la "direction d'acteurs". Je compris qu'à l'exception de rares trouvailles jaillissant de pulsions conjuguées d'un acteur et du metteur en scène, ce dernier travaillait souvent à partir des propositions de l'interprète dont l'élection pour le rôle était, en soi, la véritable invention, même si la répétition tendait à produire, d'aventure, quelque plus-value artistique. La distribution des rôles s'avérait, préalablement, le socle de l'ouvrage dramaturgique.

Nous prîmes possession du Studio 14, où se dressait le décor de *Marie Stuart*, la veille de la représentation en direct. Nous commençâmes par la mise en place de la scène 1, puisqu'aussi bien la promenade de chacune des caméras conditionnait celle des trois autres dont les câbles ne devaient pas se croiser, sous peine de se paralyser les unes les autres (le cas se produisit une fois, à Cognacq-Jay, racontait-on, et l'on dut couper l'antenne).

Je marquai à la craie chaque place de caméra de *1* à *n*, dans l'ordre chronologique de leurs déplacements, les doublures-lumière faisant de même pour la position des acteurs.

Ainsi fîmes-nous jusqu'au générique final (ce fût le premier dans lequel figurait mon nom. L'un de nos voisins d'Anglet le lut sur son téléviseur et félicita mon père : "Raoul a réussi maintenant - Tu ne voudrais pas qu'il monte à Paris, et qu'en plus il ne réussisse pas", répliqua mon géniteur). Le générique final donc, était peint en blanc sur rouleau de Canson noir et fixé sur un tambour, mû électriquement, que je stoppai, à l'apparition du nom du réalisateur, dernier patronyme obligé (à Hollywood le nom du réalisateur apparaissait en tête du film ; ici aussi, mais encore une fois en pied, car le réalisateur était alors, incontestablement, le maître d'œuvre de la production télévisée, ne partageant son pouvoir avec quiconque, sauf à *Cinq colonnes à la Une* du côté de Cognacq-Jay quand il faisait équipe avec un journaliste). Aux "Buttes", il imposait ses choix, du texte à la distribution, du décor et des costumes à la réalisation. Pour évoquer de nouveau Hollywood, seuls Griffith, Stoheim, Welles, et encore à temps compté, dirigèrent à discrétion comparable, même si les moyens, eux, ne l'étaient pas. Mais l'ivresse n'est pas indexée aux moyens. Une douzaine de réalisateurs assuraient la noria des dramatiques bi-hebdomadaires, écumant le couloir séparant leurs bureaux qu'arpentaient les comédiens, sollicités ou demandeurs d'emplois, main-d'œuvre chaleureuse avec qui les assistants sympathisaient, les informant sur leurs chances d'êtres engagés pour "la prochaine". Les acteurs constituaient, décidément, ma découverte majeure ; j'admirais vraiment leur faculté de jouer, ludiquement et douloureusement à la fois. Ils adoraient le direct qui les tendait à l'extrême, les caméras ajoutant aux contraintes du théâtre, celles d'un cinéma ayant renoncé aux repentirs.

Le réalisateur disposait donc de quatre caméras numérotées de 1 à 4, dont il maîtrisait les images reproduites en régie, et qu'il commutait, pour montage instantané, en un vingt-cinquième de seconde. Chaque scène/séquence était filmée par trois caméras ("La 1 sur lui, la 2 sur elle et la 3 sur les deux", plaisantait un assistant, pour dire le style des Buttes-Chaumont), parfois quatre.

Bientôt l'une des caméras allait occuper le lieu suivant, où les trois autres la rejoignaient quand elles cessaient d'être indispensables dans le décor précédent, pour enchaîner sur l'action suivante. Le filmer, deuxième acte de la réalisation, était précisé par le découpage des prises de vues pour chaque réplique de la pièce, et consigné sur le texte par la scripte qui dirigeait les cadreurs, de la voix, précisant à chacun, le numéro de placement de sa caméra, sa focale, et le cadre prévus. La vélocité de son débit, 90 minutes durant, forçait l'admiration, et son sang-froid, quand on sait qu'il y avait entre 400 et 500 plans par "dramatique". C'était le nom donné au genre. Le support matériel des images n'existant pas, hors des téléviseurs, leurs réalisateurs n'appelèrent pas *films* leurs œuvres enregistrées sur kinescope, c'est-à-dire sur pellicule argentique, 16 mm, pendant sa diffusion.

La "dramatique" souffrit de n'être ni tout à fait théâtre, ni tout à fait cinéma, son hybridité lui valant, même, le nom de "dramatoc" sous la plume de quelques impertinents critiques. La bataille ne fut pas menée par les réalisateurs dans le champ théorique, et les cinéastes eurent beau jeu de brocarder la télévision dont certains pousseront néanmoins la porte quelques années plus tard, (quand la bise fut venue et la mise ténue, du côté du marché cinématographique, pour y trouver pitance et sans vergogne).

Stellio Lorenzi était un logicien rigoureux, et son écriture obéissait à la loi du champ-contrechamp, par ailleurs panacée du cinéma contemporain que brocardait la jeune critique d'alors sous le label "qualité France". L'académisme esthétique imprégnait "l'école des Buttes-Chaumont" et, dans l'espace filmique à l'ordre croissant du plan d'ensemble au gros plan, répondait, symétriquement, le retour au plan d'ensemble pour clore la séquence.

La vaillance des réalisateurs du temps saluée, ne voyez pas plus d'irrévérence de ma part qu'il n'y en a dans cette citation que je trouve adéquate pour définir la fin de l'académisme : "... parce qu'il n'y a rien d'autre à voir que ce que l'on voit, il n'y a rien à voir du tout." (René Solis, in *Libération*, 4/11/98).

Par ailleurs, le tournage d'*A bout de souffle* venait de s'achever, à Paris, et, paradoxalement, le film n'eut aucune influence sur " l'école des Buttes-Chaumont "alors que Jean-Luc Godard confiait à l'époque à Jean-Noël Roy, réalisateur de récits en direct (et remarquables), que *l'en-direct* précisément avait influé sur l'écriture d'*A bout de souffle*, ce que confirme, Jean Ungaro in *La télévision de la République, les années 50*, éditions Complexe, p 197, 198.

La critique parlait, à l'occasion, de "théâtre filmé" en désignant des films auxquels manquaient les extérieurs (Robert Bresson, aussi, mais en un tout autre sens). Je crois, comme La Palice, que dans le théâtre filmé il y a théâtre et là est l'affaire, insoluble pour et par la caméra : appréhender une mise en scène préalablement ordonnée par ses us et coutumes esthétiques assurant et affirmant son identité irréductible, et prétendre la transformer, en cinéma, par le simple fractionnement de son espace, me paraissent peine perdue.

Aussi, les dramatiques de l'école des Buttes-Chaumont dont les textes, d'origine souvent théâtrale, et les répétitions préalables, produisaient-elles à l'arrivée, un mode de jeu forcément plutôt théâtral, qu'avivait la représentation en direct. Le phénomène était plus évident dans les films d'art du début du siècle, cf. *La mort du duc de Guise* de Le Bargy et Calmettes : jeu odéonesque des interprètes et plans fixes d'une caméra immobile.

Néanmoins, la télévision de fiction des années 50 lui était comparable. Elle ne parvient pas - ses auteurs-réalisateurs ne parviennent pas - à inventer une forme originale d'expression. Autant le mode de diffusion est nouveau, autant la production est, pour le moins, conservatrice, appariant théâtre et cinéma, conventionnels de surcroît. Les techniciens sont alors plus inspirés que les "artistes", à la R.T.F. Leurs prouesses techniques valent souvent bien mieux que le message transporté, surtout dans l'ordre documentaire (les fameux "*En direct de...*") où la rigidité du dispositif obère l'écriture cinématographique du récit, même si des exceptions s'imposent. Je pense à un plan séquentiel d'Alexandre Tarta in "*En direct de la Pierre Saint-Martin,* 1965" où Jacques Ertaud commente la présence de spéléologues, et la sienne, dans la claustrophobique grotte percée d'un gouffre illuminé où s'enfonce l'un de ses compagnons, plusieurs centaines de mètres sous terre. Vertigineux.

A propos d'une autre émission en direct, à bord du Mistral, premier train rapide reliant Paris et Marseille, Alexandre Tarta me confiait, qu'au passage du convoi dans la vallée du Rhône, des dizaines et des dizaines de riverains agitaient leurs mouchoirs aux fenêtres des HLM, pour saluer l'équipe dont les images occupaient l'écran de leurs téléviseurs. Le triangle fondateur de la télévision (le medium, le message, les destinataires) était avéré : en un même temps et un même espace. Somptueux.

Ma réflexion sur la télévision ne me vint pas à l'esprit sur l'heure. J'étais, comme chacun, engagé dans l'aventure, pochant mes jeans, à quatre pattes sous les caméras qui "exploraient le temps", pour déplacer les faux meubles Louis XVI et servir l'acteur ici, là l'opérateur, au hasard des impedimenta. Le plaisir de passer le gué sans encombre était partagé par tous sur le plateau et la griserie collective, perceptible à l'instant même où l'on rendait l'antenne. La distance manquait à notre jugement, impressionnés par la vigueur et la rigueur de Stellio Lorenzi, authentique nouveau "hussard noir de la République", réalisateur-citoyen, façon de croisé laïque convaincu de participer à l'arasement de l'inégalité des chances culturelles de ses compatriotes. Avec les moyens lourds de reportages, il avait fait quelques incursions dans la réalité concrète, notamment, pour ce que l'on m'a raconté, sur les chantiers de l'abbé Pierre en 1954 et du côté de Verdun avec des anciens combattants redevenant acteurs de leur propre histoire ; la fiction, néanmoins, constitua essentiellement son œuvre. Stellio Lorenzi emportait l'adhésion de chacun qui ne doutait pas du bien-fondé de la croisade, peu ou prou. Ce fut une utopie, étayée par le service public, qui entretint l'enthousiasme des professionnels que nous étions, rassurés par le *numerus clausus* régnant et, peut-être, l'absence de "retour d'écoute" remplacé par la prose de quelques journalistes spécialisés, dans laquelle nos réalisateurs puisaient, d'aventure, leur distinction pro domo. Nul d'entre eux ne fit carrière au cinéma, malgré (ou à cause de) cinq ou six films qu'autant d'entre eux réalisèrent dans la décennie 60.

Les tournages en extérieur se multiplièrent à l'O.R.T.F. et la caméra Coutant-Mathot, portable et silencieuse, autorisa quelques libertés. *Adieu Philippine*, néanmoins, ne fut pas produit par la Télévision française, même si la scénariste et dialoguiste, Michèle O'Glor, était scripte depuis dix ans à la R.T.F., et Jacques Rozier, son réalisateur, homologué "maison" depuis 1963. Décidément, l'audace n'était pas familière de la Télévision, en ce temps-là, qui bornait la fin de la première décennie de son histoire.

CHAPITRE 5

Où je commence à réfléchir sur la télévision et filme *L'Homme du Nevada*

A Cognacq-Jay, versant documentairiste de la production télévisée (actualités, magazines et "récits documentés"), la miniaturisation du matériel autorise, dès 1960, l'écoute de la voix des tiers, citoyens anonymes ou pas, et non plus des seuls clercs. Le "cinéma-vérité" doit son nom à cette pratique qui minimise le commentaire au bénéfice de la parole des acteurs de la réalité. La "vérité" tient de leur apanage, et le genre "propos recueillis" en est l'adéquat filmage. Du passé l'on fait table rase, où les journalistes se gobergeaient à l'envi et qui reviendront au premier plan (et pas seulement au premier) dans les décennies postérieures, photomatoniques icônes électroménagères (*photomatoniques*, pour le cadrage qui est égal à celui des photos d'identité servant à reconnaître le titulaire, et c'est tout ce qui les intéresse vraiment ; *icônes*, pour le rôle qu'ils jouent, dans chaque foyer, chaque jour, à toute heure, déjà nichés, avant même qu'on ait ouvert son poste, dans le téléviseur, comme dans les églises les saints de plâtre ; *électroménagères* pour l'origine des postes, vendus au rayon électroménager, précisément, dans les grandes surfaces. La définition date de 1981 où je l'inventai dans le couloir de la rédaction d'Antenne 2, à Cognacq-Jay, devant Patrick Poivre d'Arvor et Christine Ockrent, et à leur intention. Je leur fis remarquer qu'en les voyant dans mon poste, chez moi, j'avais toujours l'impression d'avoir oublié de l'éteindre la veille.

Lié au travail et à l'expérience accumulés de Roger Louis, promoteur de Télé Club dès 1951, il faut rappeler sa série "Etat d'urgence" (janvier-mars 1954), réalisée par Marcel Bluwal, films dont les paysans sont alors les acteurs et dont la diffusion est suivie d'un débat auquel participent les protagonistes face aux experts.

A la découverte des Français, prolongera quelques années plus tard ce mode documentaire démocratique. Jean-Claude Bergeret et Jacques Krier vont réinventer le dialogue direct, œuf de Colomb, certes, mais ils le font et devancent largement les cinéastes dont les courts métrages d'alors ne favorisent pas l'expression de leurs acteurs réels (on n'entend mot de la bouche du héros du *Sabotier du Val de Loire* de Jacques Demy ; le commentaire de l'auteur y pourvoit). Malgré un matériel lourd - caméra Tolana, couplée à un magnétophone 16 mm -, les Français contemporains s'y entretiennent avec les deux réalisateurs qui sont épaulés par l'équipe du CNRS de Chombard de Lauwe ; il s'agit d'ethnologie sociale, en somme, avec, en retour, l'opinion des participants réunis en studio et en direct après la diffusion du film autour d'Etienne Lalou, et qui jugent le travail des spécialistes (et eux-mêmes, au passage). Cette deuxième phase du processus spécifie, à mon sens, la télévision, originalement, et la distingue du cinéma avec lequel elle se confond quand elle n'est que le vecteur de télédiffusion de films ou de vidéogrammes. La télévision est un outil commun de socialité en questions, la télédiffusion un vecteur privatique pour gobe-solutions.

Vers la fin de la décennie 50, *Cinq colonnes à la une*, à son tour, sollicitera la parole de citoyens anonymes, arc-boutée par le commentaire des auteurs (journalistes et réalisateurs).

Je m'ennuyais ferme après trois ans d'assistanat à l'école des Buttes-Chaumont où changer de réalisateur (Pierre Badel, Roger Iglésis) n'était pas changer de genre, et je m'en fus à Cognacq-Jay pour servir *Discorama*, variété en forme d'éventaire discographique national de Denise Glaser avec ses hôtes avant que ceux-ci n'exécutent leur numéro musical ou chanté, extrait de leur dernier disque dont la présentation était le but même de la production hebdomadaire, mi-documentaire, mi-variété. *Discorama* fut, à l'origine, quelques années auparavant, diffusé en direct, puis enregistré, toujours à

Cognacq-Jay et présenté par Philippe Noiret et Jean-Pierre Darras.

La variété télévisée du temps, tournée en studio, se parait de décors, pour les plus fameuses, d'éléments de décor, simplement, pour les autres, et notamment de "découvertes" photographiques auxquelles la maison Sartony, à Paris, devait une belle part de son chiffre d'affaires.

L'interprète se tenait devant le panneau 3m x 4m où s'étalait, ici, un champ de coquelicots, là, l'enfilade des ponts de Paris en loyale redondance avec le texte de la chanson (*Comme un p'tit coquelicot, mesdames* par Mouloudji, *Sous les ponts de Paris* par Aimable et son accordéon, dans les exemples cités ici).

La variété était aux yeux de tous un spectacle, comme tout programme diffusé, et cela primait le fait qu'il s'agissait de télévision, c'est-à-dire d'un mode nouveau qui pouvait ne pas singer le music-hall et le cinéma réunis, et pas des meilleurs, en l'occurrence. (Busby Berkeley avait, à Hollywood, sublimé le genre en studio, par magie purement cinématographique (lumière et mouvement), et Vincente Minnelli filmé *Un jour à New-York* dans ses rues, fertilisant la rencontre de l'espace réel et de l'artifice spectaculaire).

Nous étions loin du compte et de ces deux écoles, à la R.T.F. qui avait pour l'occasion plutôt des allures de patronage et de ses séances récréatives.

Busby Berkeley dut attendre 1962 pour voir Jean-Christophe Averty, réalisateur, Jacques Chenard, ingénieur de la vision et Dirck Sanders, chorégraphe, danser sur ses brisées au Studio 4 de Cognacq-Jay. La maîtrise instrumentale de l'électronique par Jacques Chenard, inventeur de génie, permit à Jean-Christophe Averty d'inaugurer l'usage du blanc et du noir purs, de fractionner l'écran et de mettre en page (et non en scène) ses sujets et objets, en abolissant la profondeur de champ. Ce fut le premier style esthétique original inventé à la télévision française et, pour user techniquement de moyens exclusivement électroniques, son auteur en déduisit qu'il était le seul à réaliser de la (vraie) télévision.

Quant à moi, je croyais alors (et crois encore) que c'est le partage synchronique du même temps et du même événement par l'auteur et le spectateur qui spécifie la *télévision*. Le spectacle de la "métamorphose du monde" en direct est son unique objectif. Le reste n'est que télédiffusion *filmique,* sinon *cinématographique*.

La variété, alors, avait trouvé un statut nouveau, celui de *show*, référence à Broadway autant qu'à Hollywood, qui renforçait le caractère spectaculaire du genre : la télévision était donc bien un système de télédiffusion (à domicile) d'œuvres de genres préexistants, et la productrice de ses programmes que le monopole de service public protégeait, en France, de toute concurrence.

Il ne s'agit pas dans ces pages, on l'aura compris, d'histoire de la télévision, malgré les datations occasionnelles, mais de traces que m'a laissées le programme auquel j'ai participé ou que j'ai pu entendre et regarder, formant mon opinion et, plus tard, ma conviction. L'on peut, par ailleurs, ne pas être d'accord avec ma critique de l'institution, dont je continue à penser que l'usage n'a pas été à la hauteur de l'originalité du *medium*. Les auteurs ont peu innové, qui mirent leurs pas sur des chemins formellement connus et balisés. Cela n'est pas inventer un *nouveau* moyen d'expression (d'ailleurs, était-il nouveau en regard du cinéma ? J'en doute). En revanche, il était un nouveau moyen de diffusion d'images animées *à domicile et en direct*.

Je profitai de l'été pour tourner *L'homme du Névada*, court métrage dont j'écrivis le scénario et les dialogues en m'inspirant des informations recueillies au Pays Basque pendant la préparation d'un *En direct...* (j'en fus l'instigateur, autour du thème de l'émigration des Basques aux Etats-Unis et que réalisa Pierre Badel, pour la RTF, dans l'été de 1960, avec Georges De Caunes et Charles Iriart.

Le héros de mon film (Paul Crauchet) revenait dans son village après cinq ans d'exil, voulait épouser sa promise (Marie

Dubois) et repartait, seul, à la fin du film pour gagner ce qui leur manquait pour acquérir le bistrot du village.

Je mis en œuvre un exercice antiatomique à la sortie de Saint-Jean-le-Vieux, en Basse Navarre (l'on testait réellement en France, en 1962, le fonctionnement du plan Orsec en cas d'attaque nucléaire), et je mobilisai les amis de ma belle-famille et ses membres autochtones, aussi les enfants des écoles vacants et deux ou trois acteurs amateurs bayonnais. Epaulé par des professionnels amis (Jacques Audoir, Oleg Tourjansky, Jean Bonnet), j'étais l'unique responsable de l'entreprise, dont Paul Paviot assurait, amicalement, l'administration. J'avais été, son premier assistant, quelques semaines auparavant, pour son film *Portrait robot*, dont Maurice Ronet était le héros. Encore une belle rencontre de comédiens rares, aussi d'hommes remarquables, Maurice et Paul, opiniâtre entrepreneur et qui s'est battu bravement pour mener son équipe et son film jusqu'au clap de fin (je le revois plongeant dans un lac en forêt pour convaincre un acteur récalcitrant d'y nager comme son rôle le précisait pourtant).

Avec le recul et ce qu'il me reste en mémoire de *L'homme du Nevada*, et sans jamais l'avoir revu à ce jour (1995), je crois que sa facture, en noir et blanc, s'inspirait du classicisme filmique, tel que je l'entends encore aujourd'hui, au regard du cinématographe, mais, sans champ-contrechamp. Je soignai particulièrement le cadrage de chaque plan, dans un souci d'harmonie des formes, de l'angle d'incidence de la prise de vues et du rapport des objectifs entre eux, pour y préserver la profondeur de champ, (ailleurs souvent malmenée par les sautes incongrues mais courantes, d'une focale courte à l'autre, longue).

La figure de style ne m'était toujours pas familière en ce temps-là, mais j'en avais remarqué une, néanmoins, réalisée par John Ford dans *Stage Coach* : filmant en plongée la diligence empruntant un défilé, le panoramique fonctionnel qui ne la perd pas de vue découvre, en fin de parcours, un Indien tapi et vigilant, au premier plan. Je m'essayai à inventer pareilles figures et me souviens de l'une d'entre elles : Marie et Paul vont s'accorder sur leur avenir commun. Marie requise dans l'exercice, en qualité d'aide-infirmière, sollicite l'aide de Paul pour enrouler une longue bande Velpeau. Au début de la rencontre, les deux protagonistes sont, de profil, adossés aux deux bords opposés du cadre. Au fur et à mesure que leur dialogue précise leur connivence, marchant lentement l'un vers l'autre, enroulant la bande, la caméra se rapproche d'eux, perpendiculairement, les maintenant appuyés aux bords du cadre jusqu'à ce que l'objectif les réunisse quand leurs mains se joignent, la bande, enfin, roulée.

J'étais sûr, au moment du tournage, que je touchais là au territoire essentiel du cinématographe où le concubinage de la forme et du fond devient définitivement notoire (et favorise le régime de la commune beauté du Bien).

Ma dernière saison d'assistant-réalisateur à l'O.R.T.F. (septembre 62 - juillet 63) se déroula à Cognacq-Jay au septième étage, avec terrasse, où campaient Denise Glaser et ses collaboratrices (chaque mercredi après-midi, au Studio 4, s'enregistrait le *Discorama* du dimanche suivant).

Trois ou quatre réalisateurs descendaient, à tour de rôle, des Buttes-Chaumont pour diriger les prises de vues et l'un d'eux m'enchantait particulièrement, qui n'avait pas bonne presse dans la profession où son baroquisme décoiffait la forme coutumière. Il avait la réputation de se prendre pour Orson Welles, ce qu'au moins sa silhouette imposante pouvait, à tout prendre, autoriser. Entre une adaptation du *Manuscrit trouvé à Saragosse* et un Pierre Nord fagoté, il arrivait donc à Philippe Ducrest d'investir nos murs, l'humeur ludique, ce qui n'était pas courant chez ces messieurs, que la pratique tenait, plutôt, en gravité.

Mon caractère vasco-gascon s'accordait bien à l'imprévision allègre qui accompagnait les visites de Philippe. Il avait de la sympathie pour moi, et mes suggestions étaient les bienvenues quand il était à court d'idées pour cause de nonchalance circonstancielle. Je ne manquais pas alors de me mêler de la mise en scène (en espace, tout au moins) des "numéros" invités.

Adriano Celentano, rocker italien, fut l'un d'eux, un après-midi de printemps et, comme souvent, rien n'avait été prévu pour "décorer" sa prestation en play-back. Mon réalisateur était en régie, rock'n'roll dans les haut-parleurs, quand j'empoignai une échelle d'électricien que je plaçai devant la caméra en invitant le chanteur à s'en servir. Je tombais sur un complice de qualité que j'encourageai de la voix et du geste ; il s'en saisit, la déplace, grimpe à cheval sur son faîte, y fait de l'équilibre, glisse pour redescendre comme un pompier en alerte, toujours chantant, prenant la caméra à témoin auprès de laquelle je gesticule pour l'encourager. Il n'avait pas besoin de moi pour persévérer mais j'exprimais, ainsi, ma conviction de participer réellement à un réjouissant ménage de l'académisme du genre. Avant même la fin de la prise unique, j'avais la claire conscience de l'inconvenance qu'elle produisait en regard de la pratique télévisuelle. L'usage d'un instrument de travail dans le champ, tel un ready-made, était fondateur. (Le studio était une mine de *riens* qui bâtirent plus tard mon esthétique autant que mon éthique audiovisuelle).

CHAPITRE 6

Où je suis nommé réalisateur à l'O.R.T.F et engagé par Denise Glaser

Je fus nommé réalisateur l'année suivante (notre promotion était la dernière à bénéficier du *numerus clausus*, le libéralisme se chargeant ensuite de l'avenir). Denise Glaser me confia la réalisation de *Discorama*. Je proposai à André Diot, cadreur devenu directeur de la photographie tout récemment, de faire équipe avec moi (nous avions sympathisé pendant une émission en extérieur, quelques mois plus tôt). Nous débutâmes, de concert, à Cognacq-Jay, à la mi-septembre 1964, en compagnie d'opérateurs, de cadreurs, de la nouvelle génération qui remplaçait celle d'André, précisément. Jean-Pierre Barizien, Jean-Pierre Bertrand, Gilles Daude, Michel Thibaut furent les premiers affidés.

Rien de plus normal, pour un vif attelage, que le désir de frayer un chemin nouveau dans les studios battus et rebattus. J'entraînai ces jeunes gens sans avoir nul besoin de regarder par-dessus mon épaule pour vérifier leur vaillance (le syndrome d'Orphée m'est étranger). Le désir ricochait des uns sur les autres, l'émulation faisait trouver, découvrir, cadrages, mouvements d'appareil, lumières et ombres mêmes qui gagnaient nos images noir et blanc dans le Studio 4 que je décidai de montrer dorénavant, sans rien dissimuler de son dénuement voilé par un cyclorama gris cachant les quatre murs de l'immeuble. Ce fut le postulat fondateur des sanglades, ainsi que je nommai mes réalisations, quelques années plus tard - Guy Béart me souffla le mot, qui décrit "un grand coup de sangle ou de fouet" (peu usité) selon Larousse. Ce postulat signifiait le renoncement aux pompes spectaculaires qui arc-boutaient (arc-boutent, encore) le programme de la télévision nationale et de bien d'autres (hors actualité ou magazines) et affirmait sa banalité fonctionnelle d'instrument de communication. Le Studio 4 était donné pour un atelier ("lieu où travaillent les ouvriers et les artistes", Larousse, encore) et non un cratère de magie, la télévision s'en accommodant aisément. Voilà pour l'éthique.

Ce parti pris me força à inventer une esthétique à partir de l'espace du studio et de ses instruments familiers (projecteurs, caméras, escaliers métalliques, portes monumentales, extincteurs, échelles emblématiques, femmes de ménage et pompiers de service, tout, toutes et tous, taxés de trivialité par les clercs). Je m'affirmais matérialiste, en somme, démontrant que l'existence du concret (le studio) précédait, ici aussi, l'essence (des images) et les constituait, exactement à l'opposé, forme et fond liés, de Jean-Christophe Averty, "l'enfant terrible de la télévision" comme les thuriféraires le nommaient alors. A vrai dire j'en étais un aussi, et, pire, au sens où "ses indiscrétions mettent ses parents dans de cruels embarras" (Larousse, toujours, 1927), (indiscrétions valant pour "révélation d'un secret", ici celui du studio nu). J'étais "l'homme des échelles" ainsi désigné, me dit-on, par Goscinny, in *Pariscope*, en décembre 1965. Les deux styles, tête-bêche, étaient, disait-on, pratiquement les seuls identifiables, instantanément, dans ces années 60-70. Bien d'autres réalisateurs réussissaient des ouvrages à l'unité avec un succès d'estime certain et mérité sans que soit pour autant évoqué leur style, mais plutôt la qualité du scénario, de l'interprétation, ou les deux, ou le sujet du documentaire, la qualité des acteurs de la réalité filmés. La forme en revanche n'était pratiquement jamais objet de critique, et ne l'est toujours pas.

Jean-Christophe et moi étions tous deux, il est vrai, plus prolifiques qu'aucun à l'antenne, (les moyens dont il disposait pour ses *shows,* étant par ailleurs incomparables aux cinq heures de technique qui m'étaient allouées au Studio 4 pour réaliser 30 minutes de *Discorama).* A la réflexion, notre réputation ressortissait, peut-être, à la seule persistance rétinienne.

Claude Santelli, chargé des programmes de fin d'année (1964), me confia en octobre la réalisation d'un film de vingt-six minutes musical et sans paroles. La partition comportait sept ou huit mélodies de Philippe-Gérard arrangées par Michel Colombier, et que je devais commenter librement en images. J'inventai un scénario où mes amis Jacques Gripel et Frédéric Santalla, comédiens, tenaient le rôle de joyeux plâtriers à qui leur journée de travail réservait une surprise : la rencontre de deux mannequins venus poser sur leur chantier pour quelques photos pittoresques de mode. Un mois après mes débuts de réalisateur, je saluais mon passé proche et mon père, chevalier de plâtrerie.

J'étais en extérieurs, à Belleville, dans le vingtième arrondissement de Paris, dont la rénovation débutait au long des ruelles bordées de ruines d'où jaillissaient des grues cernées d'H.L.M. naissantes. J'étais dans la Cité, celle dont je ne manquais jamais d'évoquer la contiguïté dans mon Studio 4 que j'affirmais partie intégrante et non-extraterritorialisée de la vie courante. Une lapalissade, pourrait-on croire si l'avenir de la télévision n'avait infirmé, dans les faits, ma conviction du temps et d'aujourd'hui encore.

Dans ce décor réel, je faisais paradoxalement du cinéma, quoique produit et diffusé par la télévision, et quoique ma syntaxe filmique fût, à l'identique, celle de mes vidéogrammes. Je tournais en 16 mm noir et blanc avec son d'ambiance et une seule caméra, ce qui m'incitait, compte tenu du temps courtaud de tournage, à explorer plus avant la technique du plan séquentiel. J'essayais de maîtriser chaque plan (la phrase) formant, sans rupture, la séquence (le chapitre), c'est-à-dire le récit d'une partie explicitement déployée de l'action globale du film (ici, la nouvelle). Entrées ou sorties de champ des protagonistes, rapprochement ou éloignement de la caméra scandaient l'aventure de *Les plâtriers* (ainsi avais-je titré le film, qui était officiellement intitulé *Musique à l'image*).

L'humeur de l'ouvrage était tissée de fantaisie, attisée physiquement par mes lascars muets dont la seule gestuelle exprimait l'état, esquissant une chorégraphie, à laquelle les deux modèles, de bonne grâce, mêlaient leur pas. Je ne manquais pas de filmer aussi la paye du samedi, les mêlant à la file des compagnons du bâtiment, majoritairement maghrébins, qui avec eux animaient le chantier. L'alacrité du film me semblait convenir à l'esprit des arrangements que Michel Colombier avait ciselés dans le corps des mélodies de Philippe-Gérard et l'énergie populaire de mes héros, échardés dans le paysage programmatique convenu des "Fêtes", me parut poursuivre, dans l'ordre de la fiction, ma croisade solitaire de chevalier hertzien.

Avril 1965 me réservait, à *Discorama*, deux joies (nulle impudeur dans l'aveu du plaisir, toujours lié, dans mon parcours professionnel, à la découverte de formes nouvelles).

Un *Spécial jeunes* me conduisit à la Mutualité où se produisait pour un soir un groupe anglais fameux, The Kings. C'était le tout premier concert vivant de musique électrique enregistré par l'O.R.T.F, et mon ingénieur du son souffrit fermement des décibels britanniques (personne, parmi les responsables techniques de l'O.R.T.F, n'avait pensé à former au moins quelques spécialistes à Londres). Je plaçai une caméra sur scène, passai la rampe, mais dans le sens inverse, pour aller voir de plus près ces étranges instruments et leurs drôles de servants. Je compris, dès le début du concert, que l'interaction de la scène et de la salle constituait l'essentiel du phénomène pop music et rock'n'roll, qu'elle était donc le vrai sujet de mon reportage (et non de la "variété" commandée par le Service du même nom), c'est-à-dire de la socialité au vif, matériau fondateur, pour moi, de la télévision.

Je devais, l'année suivante, filmer The Animals à l'Olympia et je récidivai, poussant plus avant l'aiguisement de ma conviction dont l'exemple qui suit éclairera le lecteur : à l'annonce du titre d'un succès du groupe, Michel Thibaut, l'un de mes mousquetaires armé d'un objectif de 1000 mm, cadre, dos à la scène, une jeune fille dont le visage extatique se renverse alors, disparaissant derrière le dossier d'un siège pour revenir à sa position verticale précédente et bientôt chanter en play-back, rigoureusement synchrone, le "tube" des Animals. Je montrai trois ou quatre fois à peine le chanteur pendant ce numéro, tant la réponse gîtait, d'évidence, dans le comportement de la jeune fille plutôt que dans l'excellence de l'interprétation (qui était pourtant l'objet de la commande). Je parlai, à l'époque, de profondeur de champ psychologique, à propos de cette figure de style que je nommerais aujourd'hui *litote ardente*, tant le contrechamp (la jeune fille) irradiait d'émotion quand le champ (The Animals et Eric Burdon, l'hyperbole) irriguait la salle de sons et de transe. Cette rencontre valait bien que je la réfléchisse ainsi. Depuis trente ans, l'on filme des concerts du même genre mais l'on y favorise la performance, exclusivement, et le public n'y figure, fugitivement, que pour en attester le succès et servir d'incitation à l'achat du disque que l'on dit "live", même en français (dans le lot, quoique rarement, une caméra s'attarde parfois sur un visage, boulversé).

La deuxième surprise fut un *Discorama,* spécial Léo Ferré, lequel venait d'enregistrer dix poèmes, par lui mis en musique (Apollinaire, Aragon, Baudelaire). Je pris le parti - le pari - de ne filmer que son visage pendant les six chansons qu'il interpréta pour nous cet après-midi-là, (le "capitocentrisme" m'assaillait, comme chacun, pendant cette première "saison" et, d'aventure, les suivantes). Chaque chanson fut filmée en un plan unique dont le principe inspirait toujours mon style, pour en devenir bientôt la figure de proue. J'y pressentais une essence plus dense que celle du montage, un alliage du temps et de l'espace produisant un prélèvement de réalité irréductible, visiblement exposé aux désastres du monde mais déserté par le remords.

Ainsi fut-il fait, hors le dialogue Léo Ferré - Denise Glaser, réalisé en champ-contrechamp.

André Diot dessina les traits de l'artiste sept fois, en ombre et lumière ordonnées originalement pour chacune des chansons et le dialogue qui suivit. Dans le cours de l'échange, Léo Ferré eut un sanglot ; je coupai l'enregistrement puis le repris en laissant apparent le clap et audible son annonce, pour rappeler, obstinément, le "travail en progrès" qui nous liait au sort commun, à celui, donc, de qui en regarderait les traces. J'affirmai, ainsi, la qualité de *chantier* sans fin de mon travail.

Le parti pris fut remarqué par Jacques Siclier, qui lui consacra sa chronique télévisuelle dans *Le Monde* du lendemain. Il insistait sur la forme, précisément, et non seulement sur le motif comme souvent. Cette distinction me fit vraiment plaisir pour la plus simplement humaine des raisons : je venais d'être envisagé et non plus dévisagé, comme aurait dit Jean Cocteau.

En août, ce fut, en direct toujours, le reportage annuel et obligé du championnat de France de natation, à la piscine des Tourelles, à Paris. François Janin, ancien nageur et journaliste nouveau venu à la télévision, en était le chroniqueur. Cet après-midi-là, Catherine Langeais, speakerine de service, eut un haut-le-corps quand après avoir lancé le convenu "A vous, les Tourelles !", elle n'entendit pas, en écho obligé, "Ici, les Tourelles !", mais la voix de Charles Trenet qui clamait, en musique "Y'a d'la joie, partout y'a d'la joie..." ; la régie finale eut un instant de panique en voyant l'image que je leur transmettais : un panoramique descriptif, comme l'on dit, sur les cheminées d'usines du 20e arrondissement, et point de piscine en vue, tout au moins pas tout de suite, mais en fin de mouvement, seulement, synchronisé à la chute du refrain pour enchaîner et saluer la compagnie.

La suite fut allègre, malgré d'interminables attentes entre les compétitions, grâce entre autres à un téléobjectif de 1.000 mm, celui de l'Olympia, que j'avais commandé spécialement et placé au bord de la ligne de départ (et d'arrivée). Il était habituellement utilisé pour filmer de loin et proposer des plans moyens (un homme en pied), c'est pourquoi, à mon arrivée sur les lieux, je trouvai le 1.000 mm installé dans les tribunes, ce qui correspondait à son usage coutumier. Je dus convaincre les techniciens et les machinistes de l'intérêt réel qu'il y aurait à installer cette longue focale autorisant, à proche distance, de très gros plans, et le prouvai bientôt en filmant le visage des nageurs plein cadre jaillissant à chaque brasse et se rapprochant de la caméra jusqu'à ce que leur bouche occupât tout l'écran éclaboussé d'écume, aussi les mollets en cascade s'ébrouant avant le départ, les détails d'orfèvrerie des coupes et trophées, dérisoires objets d'art, l'extrémité du tremplin, dix mètres au-dessus de l'eau, où apparaissaient les orteils des plongeurs prenant leurs marques. Je n'oubliais pas les épreuves et décrivais les courses lisiblement, par ailleurs, en contrepoint des commentaires. Néanmoins, le journal *L'équipe* ne manqua pas de m'étriller (sans me nommer car la curiosité des journalistes a des limites), criant au scandale à tel point que je ne fus plus sollicité par le Service des Sports.

Vingt ans plus tard, Pierre Sabbagh évoquait encore et toujours dans *L'équipe* "... ce réalisateur qui montra tout sauf les compétitions" (je cite de mémoire mais garantis le sens). Il avait, involontairement, relevé l'originalité du regard mais refusait d'en admettre la primauté dans mon filmer ; l'imaginait-il seulement ? J'avais simplement tenté de montrer autrement la rencontre des corps d'athlètes et de l'eau. Je pris cette notule pour un hommage de l'ancien au nouveau.

CHAPITRE 7

Où se confirme mon goût pour la chanson et la danse

Jacques Anjulbaut, un grand ancien des origines et responsable de la soirée de l'élection présidentielle de 1965, me choisit pour réaliser, en direct, la moitié du programme des variétés qui l'agrémentait, depuis le Studio 2, à Cognacq-Jay. C'était inattendu pour moi (et pour quelques caciques abonnés au genre), mais ce fut ainsi et j'en tirai fierté, pour moi et mon équipe, mobilisée au grand complet. Nous sortîmes le grand jeu. François Chatel, élégant réalisateur des premiers âges de la télévision nationale, assurait l'autre moitié du programme, sur le Studio 4 qu'il avait transformé en saloon que tous les artistes invités occupaient, vêtus à la mode western, sous la conduite de Pierre Tchernia, imposant cow-boy.

Sur le 2, en revanche, j'avais choisi le ton *nature* de *Discorama* : le lieu était tel quel, son matériel technique et mes équipiers furent ses accessoires essentiels.

Le travail "en progrès" (de chacune et chacun) constituait l'objet de la performance collective. Georges de Caunes, notre hôte, saluait les interprètes en citoyens venus fêter le suffrage universel, et le studio était garanti partie vive de la cité, ludique en l'occurrence, mais socialisé ; un réel service public, en somme. La marque esthétique de ce postulat civique consistait en l'étalage, à vue, du lieu et de l'action à 360 degrés. Nulles coulisses n'étaient celées, non plus que la mise en place d'acteurs ou de caméras. Sollicité par la régie finale au débotté (nous étions en direct), je filmai André Diot, mon infant-lumière, perché sur une échelle, fignolant la pose d'un volet sur un projecteur destiné à Marie Laforêt que je découvris en panoramiquant de haut en bas ; elle s'appliquait à ne pas fourcher son play-back, persuadée de répéter quand elle était, déjà, à l'antenne (l'échelle devint, dès ce jour-là, mon blason réputé).

Mireille Mathieu passa par là. Je la filmai (son visage tiraillait le cadre) quand je demandais à un opérateur, de me décrire le lieu, alentour. J'y vis le pompier de service, bouche bée, à quelques pas de la chanteuse qu'il fixait. Tout aussitôt, (j'avais déjà l'alarme à l'œil, tout en payant de ma personne) Gilles Daude quitta les traits de la Demoiselle d'Avignon pour se fixer sur ceux du militaire et revenir à elle, en panoramique, bien sûr, quinze secondes plus tard (peu usité, disait, déjà, Larousse).

J'avais ouvert la grande porte du studio 2 et découvrais le large couloir qui le desservait, ainsi que le studio 1 mitoyen, et le 3, où les hommes politiques (peu de femmes) se succédaient en rafale, accompagnés de proches ou de fonctionnaires ministériels qui stationnaient, curieux, en face de notre chantier, une coupe à la main. Ils n'imaginaient pas figurer dans le champ de prise de vues où chantait Johnny Hallyday ou Régine, tant la convention excluait le mélange des genres, autant dire des serviettes et des liteaux, ces linges rayés qui pendent aux poignets des commis de rang en service. Ils ignoraient être les complices de cette sorte de Nuit du 4 août, où s'avérait l'abolition des privilèges du hors champ, avec toute la liesse requise par une révolution.

François Mitterrand mit en ballottage le Général de Gaulle, contre toute attente, et nous récidivâmes, quinze jours plus tard, chantés par Jean Lanzi, l'aiguilleur de la soirée, dont le ton s'émoustillait quand il nous donnait l'antenne. L'humeur du plateau 2 était communicative assurément, alimentée par une belle énergie collective. André Diot y affirmait ses parti pris d'éclairage dont le signe majeur était l'absence de contre-jour, figure obligée de toute photographie, excepté peut-être dans son premier âge, et qui auréole chevelures et épaules du sujet dans le but de le décoller du fond qui le sertit. Sur notre plateau, cette distance, marquant la différence des plans dans la profondeur de champ, était perceptible plutôt par silhouettage sur les lointains éclaircis partiellement comme le Caravage fit, peignant *La vocation de Saint Mathieu* (1598-1601) ; les lois de la perspective étant ainsi respectées, mais par d'autres moyens que le poncif qu'usèrent Hollywood et Harcourt réunis. André n'avait peut-être jamais vu des reproductions du maître italien, mais il appliquait la même technique, la réinventant, précieux apport constitutif de la nouveauté des sanglades. Sous son impulsion jointe à la mienne, les cadreurs avaient des audaces formelles rehaussées par la durée des plans séquentiels que je promouvais depuis quelques mois déjà, et qui ne cesseront d'être promus jusqu'à se confondre avec le film tout entier, six ans plus tard (in *Récital*, 1971, trois *émissions* en direct de 40 minutes chacune – cf chapitre 10). Les assistants-opérateurs et leurs servants, les câblistes, étaient souvent sollicités pour réaliser des mouvements de caméra, sur "pied boule", lourd trépied à roulettes, avec manche mobile, dont la fluidité était, néanmoins, comparable à celle des travellings sur rails du cinématographe, mais avec une seule chance de les réussir, en direct et vingt mètres de câble solidaire à manier comme une chambrière de manège. Du travail de cet inventif attelage résultait un style de réalisation joyeux, inusité, que certains professionnels contemporains donnaient pour "pas propre". Cheval de flèche et Gascon, je qualifiai, en retour, leurs ouvrages d'hygiéniques (et ils n'étaient pas au bout du rouleau).

Messieurs Robert et Jolivald, son adjoint, me confièrent quelques enregistrements à réaliser dans le cadre de l'Olympia qui recevait, le lundi, jour de relâche, des chanteurs et des groupes, de rock'n'roll ou de pop music, venus de Londres ou des Etats-Unis. Ainsi m'a été donné de filmer en France (1966) le premier concert de James Brown, armé d'un car de reportage et de ses quatre caméras dont l'une agrémentée de cet objectif de 1 000 mm, unique à l'O.R.T.F et que j'utilisai aux Tourelles l'année précédente.

Cette caméra que servait encore Michel Thibaut était plantée au pied même du micro central, sa tige figurant en oblique dans le cadre, en contre-plongée. La bouche du chanteur frôlait la boule métallique du micro, puis brusquement, son visage quittait le champ, pour y revenir, en rythme, éructer les paroles suivantes du blues. Michel, surpris, eût le réflexe classique des opérateurs : suivre le sujet filmé quand il devient mobile. Je lui demandais de ne pas récidiver, assuré qu'il était, lui dis-je, d'y voir, forcément, réapparaître notre rocker et ses vocalises soul, surprenantes, à vrai dire, en plus d'être étonnantes. Nous n'avions jamais eu, à cette date-là, l'occasion de rencontrer pareil phénomène. Son énergie - vocale et gymnique - nous enchanta, et quand il s'abattit à la renverse, sans crier gare, au terme du concert, il n'y eut pas que le cadreur sur scène (Gilles Daude, je crois), pour être pris de court en le voyant quitter son écran de visée. Suivit alors le rituel des trois capes successives déposées sur les épaules de James Brown et qui donnèrent le signal de sa disparition.

J'avais quelques mois auparavant rencontré Colos, un photographe et plasticien d'exception, à mes yeux, dont j'avais remarqué les travaux dans *L'Observateur*. Ses cadrages et son noir et blanc résolus m'impressionnèrent, et ne "tombèrent pas dans l'oreille d'un aveugle", comme me dit, à un tout autre propos, Roger Blin. Colos me stimula et j'employai son talent dans les génériques de mes réalisations, autant que l'autorisaient l'O.R.T.F. et ses règlements. Je m'essayai même, dans quelques numéros de *En passant par Paris* de Gilbert Sommier, à l'incrustation de ses dessins, mais manquais de temps de tournage pour aboutir et renonçai définitivement aux trucages à la fin de la saison 65-66.

A *Discorama*, je tournais régulièrement et avec plaisir, chaque mercredi, découvrant de plus en plus souvent les numéros à filmer sur le plateau même. Il m'arrivait d'entendre leur play-back pour la première fois en présence de l'interprète, auteur ou compositeur, de dessiner à vue la mise en scène dans l'espace et de le convaincre de son bien-fondé dans l'instant même où je l'imaginais. Cela n'avait rien à faire avec une quelconque pose et pouvait se justifier (mais rarement) par l'absence de disque avant le jour du filmage, puisqu'il s'agissait de nouveautés. Ainsi préparais-je peu mes tournages, ce qui n'était pas du meilleur effet sur l'opinion du milieu qui couronne plutôt l'effort affiché (comme perpétuel rachat de la faute originelle ? "Ton pain à la sueur de ton front", nous assénaient les vicaires). Certains académistes vilipendaient *l'instantané* de mes travaux (*l'élaboré* avait leur préférence), aussi épinglais-je la légèreté de leur jugement en révélant l'homonymie de ce qui était, en fait, l'*instant tanné*, supposant un véritable travail de transformation du temps en émotion esthétique, fût-ce à froid. Il n'empêche que je trouvais plaisir, quelque griserie même, à ce défi public dont toute l'équipe attendait l'issue - une idée -, pour la mettre en œuvre (le torero fait de même qui ne connaît l'adversaire qu'à son jaillissement du toril noir, et pour un tout autre enjeu). Le studio 4 était attenant à la rue de l'Université et, bientôt, je ne résistai pas à la tentation de sortir une caméra et toujours sur "pied boule" pour y filmer Claude François ou Eddy Mitchell, marchant et chantant en play-back au-delà de la rangée des voitures en stationnement dont j'effleurai les toits de couleur. Il m'arriva d'investir l'atelier de menuiserie proche, pour y filmer une chanteuse italienne, ou bien, Sandy Shaw, et ses pieds nus, sur les passerelles techniques du studio, aussi les compagnons de la chanson envahissant un monte-charge.

C'est bien plus tard que m'apparut la métaphore ainsi mise en œuvre : la caméra retrouvant la réalité qui est pour moi, l'atelier fondateur de la télévision. Mais un détail cruel limitait sa portée : un câble liait ombilicalement la caméra au studio, non-lieu, certes, mais impératif (l'on peut encore aujourd'hui vérifier, avec le philosophe, que l'avenir dure longtemps).

N'empêche, je persévérai et tins vivace mon goût affiché de l'improvisation, de l'insolence, sinon de la provocation. C'était ma réponse à la nature éphémère de ce que nous produisions. Dans une interview à *L'Humanité*, par Jean Rocchi, je m'étonnai de ne pas retrouver ma pellicule au marché de Maubert-Mutualité, le mien depuis 1961, pour servir à emballer fruits et légumes comme l'on fait des journaux, tous deux éphémères. J'avançai que la télévision est au cinéma ce que le journalisme est à la littérature. Cela ne troubla, apparemment, quiconque, ni au dedans, ni au dehors de l'O.R.T.F. Il est vrai que peut-être, le tirage du quotidien communiste fléchissait, déjà.

Michèle Arnaud "produisait" Jean-Christophe Averty depuis 1963, exclusivement, et je fus étonné par sa proposition de mettre en chantier *Black Tie* ("Cravate noire" n'a pas le même impact mondain) destiné à concourir au festival de Montreux avec Michel Colombier pour la musique, Pierre Richard et Victor Lanoux, pour l'animation et une pléiade de vedettes 1966.

Je choisis le "blanc Chenard" pour sertir ma mise en scène. Jacques Chenard (celui des débuts d'Averty "black and white") était mon magicien d'Hertz. Il avait inventé, par trucage interne à la caméra, le moyen de visualiser un blanc infini et scialytique où se mouvaient les personnages, qui de noir qui de blanc vêtus. Le procédé abolissait toute profondeur de champ sans altérer les reliefs alors que le blanc trouvé pour Jean-Christophe Averty, trois ans plutôt, préservait le réalisme spatial du studio : le cyclorama immaculé était lisible et les ombres de tout sujet ou objet. Jacques Chenard avait, depuis, inventé l'horizon vertical.

Ce fut la fin de ma période des visages "plein cadre", ainsi que je filmai les principaux chanteurs de la distribution. Pour filmer les ballets de René Goliard, le câble de la caméra (Jean-Pierre Barizien) tombait des cintres. Ce dispositif n'était pas envisageable, ordinairement, pour provoquer des ombres en traversant le faisceau des projecteurs, et je profitai du caractère scialytique de l'éclairage de *Black tie* pour passer outre, et, ainsi, inventer un filmer où danseuses et caméra (libre de mouvement à 360°), dessinaient une chorégraphie commune (courant au sol, le câble de la caméra, on l'aura compris était, en studio, une entrave permanente à sa liberté de mouvement influant donc sur l'esthétique même de la réalisation).

Ma route n'était pas lieu de solitude. André Diot, ses ombres et ses éclats de lumière, Marcel Louis Dieulot, mon poète spatial, Jacques Chenard, éclectique électronicien, René Goliard et ses muses, mes cadreurs mousquetaires, jouaient de conserve sur le même chemin où chacun se réalisait librement et, tous, en confluence avec mon propre mouvement. Je remarquai que mon équipe conduite par un tiers réalisateur - elle était très sollicitée - n'avait pas la même inspiration que dans mon sillage ; certes, j'étais moindre sans mes compagnons, mais ils perdaient aussi visiblement au change (l'on ne sait pas très bien ce qu'est le talent, mais lorsqu'il n'est pas là, ça se voit.)

"Nous sommes nous-mêmes dans notre élan vers les autres", disait un sage. Nous l'avions, alors, entendu.

CHAPITRE 8

Où mes variétés se singularisent

Guy Béart me demanda, en juin 1966, de réaliser une série originale, *Bienvenue*, dont il était le producteur et l'hôte. Comme toute “variété”, son projet prévoyait la présence, sur le plateau, d'interprètes, chanteurs, acteurs, musiciens - réputés ou non -, d'un public de jeunes gens et de quelques étoiles (le mime Marceau, Louise de Vilmorin, Aragon et Elsa Triolet). Il nous fut alloué un petit studio, à Asnières, que Marcel-Louis Dieulot, mon maître d'espace, mit au net en déposant le cyclorama pour révéler les quatre murs de briques du lieu. Il imagina le plus adéquat, à mes yeux, de tous les “décors” obligés : un jeu de coussins de cuir disparaissant sous les grappes de jeunes invités complices que nous avions disposés en U. Je réalisai ainsi, mon souhait de filmer en studio des visages sur fond de murs, ailleurs toujours masqués par le cyclorama, masqué lui-même par le décor que masquaient les visages, qu'ici, le noir et blanc apprivoisé rudoyait avec bonheur.

Ma caméra taillait dans la masse des jeunes gens, poursuivant ma recherche d'une autre dynamique du plan fixe par décadrage du sujet dans l'un des angles du bas de cadre (l'ami Colos n'était pas loin). Ainsi, était remis en cause l'équilibre classique de l'image dont le sujet occupe, généralement, ou le centre ou le tiers de son cadrage. Les regards convergents haubanaient en l'image incluant, à la fois, et le champ et le contre-champ. Je délaissais ainsi le “gros” plan, c'est-à-dire un visage plein cadre, même si j'ai pu succomber, ici ou là, à la tentation d'y recourir comme solution à tous mes maux, à *Discorama*, par exemple. Je travaillai donc plutôt l'immersion physique de certains intervenants dans le “public” produisant, visiblement, un effet de retour, une attentive complicité, exprimant l’intérêt provoqué par la performance ; la cause et l’effet synchronisaient dans le même plan ma sans pareille “profondeur de champ psychologique”. J’ai en mémoire une image exemplaire de cette figure de style où Marie Laforêt chante, de profil, regardée, écoutée par Graeme Alwright face à la caméra, et dont on ne voit que la moitié du visage (l’autre est cachée par celui de Marie). L’œil du chanteur scintille d’émotion et provoque une deuxième détente dans le plaisir de lecture et d’écoute du plan et de la chanson (à la condition que dure le plan, ce qui n’est plus de mode). Je bâtissais ainsi mon vocabulaire et ma syntaxe cinématographiques sous la pression de chaque commande dont je ne laissais à personne le soin de définir le cahier des charges formelles. Je savais mon équipe susceptible et sans goût pour le ressassement, aussi bien fallait-il défricher plus avant, à chaque production nouvelle, le taillis des tenaces conventions esthétiques régnantes.

Allegro de Jean Fontaine se voulait une variété éclectique ; il venait de la radio où il produisait une émission de musique et de chant classiques (et doit encore la produire trente ans après, j’en jurerais). La distribution était évidemment prestigieuse et ne tolérait pas le play-back. Les deux premiers *Allegro* furent filmés à l’Alhambra.

Je me trouvais devant le cas de figure le plus ancien de la télévision française, et le moins télévisuel qui fût : filmer un spectacle de music-hall sur scène à l’italienne, en deça de la rampe, à plat et en public (Jean Nohain triomphait dans le genre, dès la décennie 50, avec *36 chandelles*).

Le plateau était blanc, du sol au lointain, à cour et à jardin. Je disposai l’orchestre de Michel Colombier, verticalement, en fond de scène, sur un échafaudage de tubes noirs, retrouvant le système de partition de l’espace électronique de J.-C. Averty, mais réalisé matériellement. Le chanteur occupait le premier plan, comme il est de coutume en salle. Une caméra, sur pied Vinten, mobile verticalement, campait à la rampe et dans l’axe, quand elle n’arpentait pas la scène transformée en demi-studio puisqu'il n'était pas, ici, question de se retourner pour découvrir les spectateurs dont le seul service attendu consistait à applaudir pour émoustiller les artistes. Je fis accrocher aux cintres les cartons du générique agrandi à l'échelle des danseurs manoeuvrant alentour, mais l'exécution mécanique, par insuffisance de répétition, fut entre pataquès et galimatias visuels. Bref, malgré la recherche des cadrages, j'étais empêtré dans de la télédiffusion de music-hall filmé et rien d'autre. La transmutation réalisée à l'Olympia pour le concert des Animals était inenvisageable à l'Alhambra, ainsi fus-je Gros-Jean comme devant. L'Alhambra fut détruit après le deuxième numéro de la série, sans rapport de cause à effet, mais qui mit fin à mon épreuve. On continua, mensuellement, en studio où les silhouettes noires des figurants muets festonnaient l'élan des travellings. Divertissement donc, comme *"Allegro"* l'induisait.

A la mi-mai 1968, nous nous mîmes en grève pendant l'enregistrement d'un numéro de cette série au studio 11, aux Buttes-Chaumont, qui devint, à mon invitation, le 17 mai, le lieu d'assemblée de tous les grévistes des Buttes-Chaumont engageant un dialogue en direct avec une assemblée réunie au studio 102 de la Maison de la Radio. La réalité se vengeait (et moi avec elle) ; le studio, pour moi lieu "apocryphe", non-lieu, même, trouvait une légitimité sociale, politique, même. A la rentrée suivante je ne fus pas rappelé par le producteur pour réaliser la suite de la série.

Rhésus B est un drôle de titre pour un vidéogramme, et pas seulement, mais ce fut celui qu'Alain Pujol (avec la complicité d'André Maurice) retint en ce début d'année 67 pour identifier une facétie de mon cru où je mis en scène, pour la première fois, un personnage de réalisateur au travail (Michel Creton). Mon studio était le sien, mes caméras de même et leurs servants. Jacques Gripel et Frédéric Santalla jouaient les comparses de ce second degré où s'étalaient quelques questions sur la forme auxquelles répondaient mes solutions du moment ; c'était le temps où le plan-séquence assurait ses quartiers sur mon plateau apprivoisant de plus l'improvisation qui présidait à l'invention du scénario en train de se réaliser et dont il était l'hôte surpris plus qu'étonné. Chansons, comédie, danses et caméras s'entrelaçaient dans le mouvement (tout en le créant). Une fois de plus, le motif de l'ouvrage qui m'occupait n'avait nulle prétention à paraître plus que n'est un divertissement, mais "le filmer", comme j'aime à dire, était partie prenante et constitutive même de *Rhésus B*. La sophistication de *Black Tie* était ici travaillée par le principe de vie qu'animaient les acteurs de l'histoire. Le *blanc Chenard* perdait de sa morgue en accueillant ces travailleurs incertains titubant presque dans l'aire sans tain du Studio B de Francoeur (ma carrière y avait débuté onze ans plus tôt, avec Marcel Carné).

La fantaisie présidait au tournage. Ainsi, attendions-nous Nana Mouskouri (alors tête d'affiche) quand Jacques Ha Van, mon assistant, m'annonça son forfait : je le fis entrer dans le champ pour proclamer la nouvelle et Michel Creton d'enchaîner : "Envoyez le play-back" (*Les parapluies de Cherbourg*) pour voir les danseurs de René Goliard improviser une chorégraphie, dans l'instant, laquelle fit quatre minutes de programme. Je devais récidiver trois ans plus tard dans une émission en direct, au Barcarès, où un autre play-back, *Lady d'Arbanville*, fit l'affaire (l'on dit "faire la rue Michel", sur les plateaux ; mon amie Dominique Butin-Friez m'apprend que l'expression est un calembour sur "faire le compte" et "la rue Michel-le-Comte", dont Jehan Rictus est l'auteur dans *Le cœur populaire*). Au Barcarès, donc, René Joly et Martine Kelly couraient au bastingage du cargo échoué sur le sable où nous tournions et s'exclamaient, penchés : "Tiens, Cat Stevens !". Est-il utile de préciser qu'ils furent les seuls à le "voir" car le chanteur était hors de prix, absent donc, et l'audition de sa chanson, à l'antenne, y pourvut (le son hors-champ, suggère, produit, paradoxalement des images, à l'occasion). Mon culte de la litote germait déjà fermement.

Permis la nuit était le drôle de titre que Michel Caste avait donné à son émission hebdomadaire - le vendredi - qui débuta en mars 67. Le titre fit sourire quand arriva la onzième édition, en mai, mais n'anticipons pas.

Il s'agissait du filmage en direct d'une rencontre de deux journalistes “extérieurs”, comme on disait à l'Office, François Corre et Serge Lentz et de leurs invités, acteurs de l'actualité comme il se doit dans ce genre, l'un des plus anciens, et des plus économiques aussi, de la télévision, appelé *talk-show* de nos jours.

J'avais demandé à Marcel-Louis Dieulot d'inventer un espace favorisant la conversation, et il me livra un très ingénieux dispositif de forme ovoïde, cerclé d'une banquette, où prenaient place les invités auxquels les journalistes faisaient face, assis au centre dans l'axe diagonal, se retournant à la fin d'un dialogue pour enchaîner avec le suivant et leurs hôtes diamétralement opposés.

Mes trois caméras campaient triangulairement à l'extérieur de l'ovale, pour une réalisation *centripète*, où les silhouettes de dos et d'ombre sculptées par André Diot, “à la face”, révélaient la profondeur du champ filmé. Il y avait aussi des enfilades de profils médaille qu'autorisait la ligne de fuite des deux courbes du lieu.

Permis la nuit devait la liberté de ton qui la caractérisait (relative, la liberté, mais sensible, à l'époque), d'abord à la qualité de ses journalistes, ensuite à l'heure tardive de sa diffusion, fixée à 23 h 30 et jusqu'à 23 h 59, car les programmes s'achevaient alors impérativement avant 0 h pour ne pas avoir à payer une heure supplémentaire aux multiples techniciens des émetteurs en service, en nos provinces.

A la onzième édition, les invités sentirent la poudre au regard du puritanisme du temps : l'ambassadeur de Tunisie donnait à notre pays des leçons de libéralisme à propos de la politique de contraception mise en œuvre dans son pays (le stérilet, dit *scoubidou*, à Tunis, du nom de cet objet dérisoire et tressé qui faisait florès en 1967, et tenait souvent lieu de porte-clés) ; un responsable du service de la jeunesse de la première chaîne commenta son roman où il rapportait les circonstances de son dépucelage par une mâtine normande, et enfin un peintre, dont les derniers travaux avaient pour motif le sexe féminin, en expliquait le pourquoi pendant que l'une de mes caméras effleurait le comment, huiles et gouaches, que j'avais fait disposer sur le plateau.

L'accumulation des trois interventions insupporta un directeur général adjoint de l'O.R.T.F, qui vint, dès le lendemain matin, saisir le kinescope enregistré au laboratoire de Cognacq-Jay, et fit visionner l'objet à un qui de droit élyséen. Le jour même, Michel Caste fut informé de la suspension de la série, qui ne reprit jamais. Le cul, pour la première fois dans l'histoire de la télévision française, venait de rejoindre le politique au panthéon des chasses gardées gaulliennes.

Je ne fus pas, ici, seulement remercié, comme il m'était arrivé de l'être - et m'arrivera à nouveau vite après -, mais censuré, assurément.

Le service de la recherche m'engagea pour réaliser une variété. J'en choisis le titre : - *C'est ça la vie !* - C'était la chute d'une histoire qu'Alexandre Astruc, l'homme à la caméra stylo, avait racontée à Philippe Colin, lequel me la rapporta. Je décidais de tourner le récit de l'histoire par le cinéaste lui-même (il s'agit d'un perroquet dont le maître s'étonne de voir sa motte de beurre diminuer anormalement. Il surveille discrètement ladite motte et voit son volatile écorcher furieusement le beurre qu'il emporte, bec et ongles, vers une clairière proche (le maître a suivi la bête) et où trône une immense pyramide beurrée et au long de laquelle, se laisse glisser le perroquet, ailes déployées, en murmurant : "C'est ça la vie !"). Je tournais effectivement le plan avec Alexandre et Philippe. Il prit place dans la farandole des prises de vues qu'abrita le marché Daguerre (Paris, 14ème) - aujourd'hui disparu. J'y avais convié à 6 heures du matin mes fidèles amis, Jean-Claude Loiseau qui dialoguait avec les chalands et les marchands dans les travées de la halle, Claude Baron-Renault et son violoncelle que rejoignit Patrice Fontana Rosa, violoniste virtuose, aussi Frédéric Santaya, René Goliard et ses lutins. Pia Colombo, Mouloudji, un groupe rock de jeunes gens nous rejoignirent, et en avant la musique. Le tournage fut ininterrompu jusqu'à la fin de cette matinée, avec quelques soupirs au bar, néanmoins. Mouloudji y révéla aux quidams accoudés, le poème de Jacques Prévert où il est question du “drôle de bruit que fait un œuf dur qu'on casse sur le zinc”. Mon projet était de mettre en relation, en dialogue, des artistes et des citoyens, et Jean-Claude y pourvoya vaillamment, ce fut joyeux, chaleureux. La comédie musicale trouvait là une originalité que certains dirent cocasse, l'expérience fut renouvelée une fois et une seule. Je ne suis pas l'homme des prototypes, des originaux plutôt.

Dans cette même rue Daguerre, j'avais pour le *Nouveau Dimanche*, filmé l'une des très rares apparitions de Jimmy Hendrix à la télévision française. Nous devions à Alain Gerbault, qui fut crooner exquis, devenu directeur artistique pour les disques Pathé, la chance de pouvoir enregistrer des artistes étrangers de passage, il en signalait la présence à André Maurice, toujours mon pourvoyeur préféré. Rendez-vous avait été pris le jour même, et je filmais le rocker et ses deux complices anglais, d'abord dans le cadre d'un chantier de démolition, porte Balard, mêlant, comme j'aimais, ouvriers du bâtiment et artistes, dans la même image, ce qui était une façon de rappeler, de visu, que l'inégalité des chances - pour ne rien dire de la lutte des classes - n'était pas que l'invention de révolutionnaires.

Un deuxième chant de Hendrix sillonna avec ma caméra le flot de ménagères sollicitées par les marchands de quatre saisons dont les éventaires étaient installés sur les deux trottoirs de la rue. Les trois musiciens chapardaient, qui carottes, qui pommes reinette, faisaient risette à un bébé en poussette, et baisait même la main d'une crémière, étonnée mais ravie, avant que les trois garçons ne disparaissent dans la bouche de métro proche, le tout en deux plans guillerets.

Qui marions-nous ? était le titre d'une série de variétés d'une heure, produite par Jean Wetzel, harmoniciste émérite et les frères Gall, dont le principe et le dispositif s'inspiraient simplement des repas de noces populaires. Un vrai couple d'époux mariés récemment était choisi et rejouait la situation, entouré de parents, de leurs témoins, ainsi que d'une distribution de chanteuses et chanteurs “en vogue” qui venaient “en pousser une” - ou deux - à table. Deux saisons durant

(1967-1969), nous fûmes "de mariage", mensuellement, dans des lieux de vie allant d'auberges en pique-nique campagnard et jusqu'à la scène du Châtelet où Luis Mariano, en personne, reprit deux ou trois de ses succès d'opérettes créées sur place.

Roger Couderc animait la compagnie, dialogues d'anonymes et de "vedettes" mêlés. Un car de reportage à trois caméras assurait l'enregistrement. La première des caméras stationnait à l'une des extrémités de la table, armée de l'objectif de 1000 mm, celui de l'Olympia et des Tourelles utilisé pour la même raison : favoriser l'extrême grossissement d'enfilades de visages, de mains, d'objets (la pièce montée et son couple en sucre étaient de la fête), c'est-à-dire favoriser l'hyperbole, mode d'expression de l'excès, pour dire la profusion de mets, de mots, de chansonnettes.

Les deux autres caméras étaient disposées de part et d'autre de la longue table dressée, et reposaient le problème vieux comme la télévision : montrera, montrera pas (l'autre) ?

En effet, depuis les origines à Cognacq-Jay, en 1949, chaque réalisateur mettait un point d'honneur à ne pas révéler la présence des caméras sur le plateau comme la convention l'exige dans les films de fiction où les acteurs ne regardent jamais dans l'objectif (quelques exceptions volontaires peuvent être relevées, pour raisons esthétiques, mais rares). Ils étaient censés ignorer sa présence, ainsi qu'au théâtre celle du public, jusqu'aux saluts finals. Mais la télévision devait-elle, doit-elle, en faire autant et dans tous les genres de production ?

La question ne fut sûrement jamais posée, tant la culture préalable des techniciens pionniers s'imposa sans conteste. J'y répondis néanmoins à ma façon, comme on a pu le lire plus haut, à l'occasion des élections présidentielles notamment (les commentaires furent diversement dithyrambiques).

Pour *Qui marions-nous ?*, je pratiquai le champ-contrechamp avec les deux caméras latérales, de part et d'autre de la table, l'une et l'autre toujours - ou presque - en deçà d'une ligne imaginaire joignant deux interlocuteurs.

Simple à réaliser quand ils sont deux et face à face, plus périlleux lorsque l'un d'eux est, en l'occurrence, distant de plusieurs mètres et change à tout propos. J'essayais, comme je fis toujours, de ne pas laisser paraître ma surprise, fuyant toute précipitation révélatrice, m'attardant au contraire par travelling ou panoramique sur les participants qui séparaient les protagonistes dialoguant. Les échanges étaient improvisés, et même si l'ordre en était prévu, il fallait souvent faire face à un changement de la ligne imaginaire susdite mettant à découvert la caméra opposée dont les servants s'ingéniaient à la (à se) rendre invisibles (par éloignement en profondeur ou glissade latérale). De plus, elle se trouvait en "faux raccord" de regard car pour donner l'impression qu'une personne en fixe une autre (et qu'elle le lui rend bien), toutes deux filmées alternativement, elles doivent littéralement croiser leurs regards : l'un vers la droite de la caméra, l'autre vers la gauche. Au cas où elles regarderaient dans la même direction (droite ou gauche), elles donneraient l'impression de ne pas se voir. Telle est la règle classique du champ-contrechamp, aujourd'hui bafouée sans vergogne, il va sans dire, à la télévision et compensée, j'imagine, par la persistance rétinienne et sonore des spectateurs. Il m'arriva, faut-il le préciser, de contribuer à l'outrage, et aussi, au cours de cette vingtaine de *Qui marions-nous ?* (car, parfois, la volonté d'être singulier est sacrifiée à celle des producteurs préférant que la cause (la parole) prévalût sur l'effet (l'écoute), et plus généralement les faits sur la curiosité), de telle sorte que je cédais, parfois, à la hâte qui est la pire des pratiques en l'absence d'inspiration, laquelle n'est pas constante (autant la dire volage).

Le lecteur comprendra que j'étais en outre partagé entre la tentation de mettre en scène, à vue, l'appareillage technique, fût-ce par paresse, et le défi, en forme de cache-cache, comme chacun faisait (on a son amour-propre).

L'appareillage technique, mais pas seulement, le dispositif aussi : il m'arriva de filmer, d'un seul tenant, Roland Dubillard qui ne savait pas son texte exactement par cœur, loin de là. Françoise Jeanjean, ma scripte, vint alors à son secours en le lui soufflant, mezza voce mais perceptiblement, pour le micro. L'acteur, imperturbable, reprenait, c'est ainsi que je filmais la séquence, ce qui ne le troubla nullement. Au-delà de cet aspect anecdotique, je continue de penser que la télévision n'a pas à cacher son mode de fonctionner sauf à vouloir faire accroire aux faibles d'esprit (et à d'autres) qu'elle tient de la magie plus que de la réalité dont elle aurait honte comme une parvenue de ses origines.

Je ne manquais jamais, par ailleurs, de recommander à mes équipiers : “Si vous passez dans le champ, n'oubliez pas de sourire”.

CHAPITRE 9

Où je rencontre et fiasco et Joli mai

Il me faut ne pas oublier d'évoquer le naufrage du premier numéro de *Soirée Dim Dam Dom* le 17 avril 1967 en direct du studio 101, à la Maison de la Radio. Daisy de Galard m'en avait confié la réalisation après que j'eus signé, dans la saison précédente, quelques numéros de son magazine du même nom et quelques-unes de leurs présentations par des starlettes à la mode de *Elle*.

Dim Dam Dom avait, stylistiquement, secoué le cocotier télévisuel et sa productrice céda à la tentation d'hypertrophier son succès, d'où la soirée entière phagocytée par la rédactrice en chef et productrice, le dimanche soir.

Le studio 101 est de surface modeste mais je découvris sous la pente des sièges un large couloir semi-circulaire débouchant, à ses deux extrémités, sur le plateau. Ce passage sollicitait, à l'évidence, un déploiement de circulation d'interprètes et de caméras. Il en était toujours ainsi pour moi, avant de tourner un plan : il fallait que le désir m'en traversât, ferré d'un seul coup d'œil rencontrant une forme dans l'espace investi.

Marcel-Louis Dieulot avait inventé un jeu de praticables métalliques, rectangles, à roulettes, de formats divers et qui s'assemblaient pour devenir un lieu d'exhibition à paliers progressifs. Chanteurs, danseurs pouvaient y circuler, s'y asseoir, stationner à volonté (la mienne, en l'occurrence). C'était le seul élément spécifique du studio et de la soirée. J'avais imaginé des mises en scène pour chaque passage d'artiste avec ballet en contrepoint (René Goliard). Le retard fut tel, accumulé pendant la mise en état du 101, que j'eus quatre heures pour ordonner les deux heures de direct prévues. Je fis mon deuil du couloir déambulatoire qui servait de réserve à décors et n'avait pas été dégagé, un magnétophone récalcitrant se mit de la fête, quelque play-back inadéquat fusait à l'occasion, les caméras croisaient leurs câbles et l'accumulation d'impedimenta ne cessa pas. J'eus la tentation d'avouer la situation, à l'antenne. Daisy de Galard s'y opposa. J'eus tort de ne pas me rebeller.

Pour le deuxième numéro de l'émission un mois plus tard, elle exigea que l'émission soit, partiellement, enregistrée. Elle souhaitait une forme sophistiquée et fut servie : grand studio blanc, plans séquentiels et mouvants avec danseurs en blanc ; idem pour les costumes d'Anouk Aimée et Pierre Barouh, allongés sur des hamacs blancs, et téléphones de même, pour dialoguer avec des "téléspectateurs". Bref, le grand jeu, Busby Berkeley façon sanglade chic. Quand je l'appelai, trois jours plus tard, Daisy ne cacha pas sa satisfaction et celle, même, de ses amis. Elle m'annonça que la forme de l'émission étant découverte, elle travaillerait dorénavant avec de jeunes réalisateurs. J'avais déjà 36 ans.

En septembre 1967, je reçus un télégramme (le premier et le seul de ma carrière) de Daniel Costelle et Pierre-André Boutang, producteurs débutants, me proposant un direct hebdomadaire et dominical d'une heure pour la deuxième chaîne naissante et en couleurs. Nous l'appelâmes : *Le nouveau dimanche*. Avec l'ami Collin (clin d'œil à Charles Trenet), nous enregistrâmes a capella le générique : *C'est nouveau ! C'est dimanche ! C'est le nouveau dimanche !*

L'ami André Maurice se chargea de la distribution des variétés. Je filmais au studio expérimental d'Issy-les-Moulineaux avec, pour hôtes du lieu, Remo Forlani et Gérard Klein qui débutait alors, notoirement, à la Radio nationale. Je pris le parti de ne rien cacher, à l'occasion, des aléas de la réalisation et les animateurs participèrent au jeu, gaiement, adoptant un ton familier peu usité à l'antenne et sans œillades dans l'objectif. L'irruption de la couleur imposa une rigueur nouvelle dans la maîtrise plastique des images (matériaux, costumes) que le noir et blanc harmonisait ipso facto. Je marquai symboliquement cette évidence (attention à la peinture !) en demandant à Jean Moulin, peintre, assisté par Roger Maily, peintre-décorateur, de s'approprier le cyclorama qu'ils couvrirent d'une fresque monumentale déployée, à vue, une heure durant, ce jour d'inauguration de la deuxième chaîne *colorée* par Georges Gorse, Ministre de l'Information. Cet ouvrage fut le sujet de l'émission au même titre que Johnny Hallyday, rocker invité. Un autre peintre, Québécois, Fernand Leduc, imagina pour moi un mur de cubes en carton dont les quatre faces étaient peintes de couleurs primaires et dont l'amoncellement, en ordres multiples, bâtissait des plans colorés différents. C'est dans le cadre du *Nouveau dimanche* que je filmai Salvador Dali pendant 80 minutes (ce fut la seule performance du peintre en direct, sa vie durant). Toile déchirée après jets d'œufs frais, sculpture, à la mousse à raser, de jeunes femmes en collants mauves, machine à coudre disloquée, éructations et aphorismes en cascade furent le motif de l'émission où trois caméras coincées dans la foule des invités firent plutôt dans le genre ball-trap que dans la ciselure filmique. L'après-midi fut néanmoins, et demeure, mémorable.

J'allai, dix ans plus tard, retrouver Salvador Dali qui me reçut avec Georges Walter, une fois, avec Pierre-André Boutang, plus tard, dans sa suite de l'hôtel Meurice, rue de Rivoli, à Paris. Dans les deux cas, je tournai, en film et sans discontinuer, nos rencontres.

Pour l'une, le maître voulut mouler un homard vivant dans de l'asphalte qui bouillonnait à la verticale de son balcon, rue de Rivoli, au deuxième étage (l'affaire filtra et la Société Protectrice des Animaux intervint : nous remplaçâmes le homard par un chandelier). La réception avait commencé par l'intrusion, qui nous surprit, de six jeunes filles, le torse nu, tenant à la hauteur de leurs seins quelques bougies enflammées et psalmodiant en une langue inconnue (le maître parla de suédois). Comme l'avait fait Rémo Forlani à Issy-les-Moulineaux, Georges Walter réagissait à vue et à su, en une improvisation dont se régalait notre hôte. Pierre-André fit de même avec l'artiste qui s'était alors couché dans une baignoire en zinc prétendument propriété antérieure de Philippe II, si mon souvenir ne me trahit pas. Raccompagné par Salvador Dali, je le questionnai : “Maître, le plus important dans une image n’est-il pas le hors-champ ? - Ça dépend du cameraman”, répondit-il en me fermant la porte au nez.

Nous fûmes, ensuite, rapatriés sur le studio 4 où je réutilisai le jeu de praticables *dieulotiens*, horizontalement ou verticalement selon cas, en qualité de sièges, d’estrades, de sculptures, pour servir, diversement, à la composition des cadres. Je fis en sorte que l’on ne pût se méprendre sur la qualité du spectacle qui n’était, visiblement, ni cinéma, ni music-hall, peut-être était-ce de la télévision, pour ne ressembler à rien d’autre, mais sait-on jamais ?

Mai 68 nous surprit, en direct, sur la rive du Canal de l’Ourcq, à Aubervilliers, ce fut le dernier *Nouveau dimanche*, quelques jours avant les barricades de la rue Gay-Lussac. Nous avions invité Moshé-Naïm, l’effervescent et poétique inventeur de l’EMEN (“les uns par les autres, les uns pour les autres”). Il était le producteur de Paco Ibañez, François Rabbath, Carmela, Henia Liv qu’il avait amenés avec lui, aussi un peintre et un sculpteur de ses amis. Moshe ne fut pas avare de commentaires à leur propos et son hôte, Romain Bouteille, s’en régalait (il animait notre émission avec Gérard Klein ; Rémo Forlani nous avait quittés qui brillait ailleurs, comme sa plume, fine mouche).

J’investis, mitoyen au canal, le dépôt d’un ferrailleur et compresseur de voitures hors d’usage.

Depuis ce “plateau”, comme nous disons (pour “offrir sur un plateau”, c’est-à-dire sans contre partie ? Le Robert) bref, les dialogues y fleurirent dans une belle humeur, que l’on ne disait pas “festive”, en ce temps-là.

Sur la berge veillait une caméra. Je vois encore l’un de ces longs plans panoramiques accompagnant le passage impromptu d’un visage de marinière à l’abri d’un rideau à carreaux rouges et blancs et dont le regard passe en revue des sculptures de Martinez, les tableaux de José Ortega exposés à même le sol pelé. Le mélange des genres, ici documentaire, et de variétés s'affirmait, décidément, pour moi instrument de contestation, sinon de subversion, de l'Ordre télévisuel, au diapason de l'humeur sensible de cette fin de printemps.

Je passai dix semaines, en grève, dans la maison de Radio-France où, délégué par le Syndicat français des Réalisateurs de Télévision (C.G.T.), le mien, j'organisai en qualité de secrétaire administratif, les travaux de l'intersyndicale des 15.000 salariés de l'O.R.T.F avec Françoise Verhyle et Colette Vidalie, mes assistantes. Mon travail de "secrétaire général" était d'ordre logistique. Mon approche du politique se limitait à la présidence de l'assemblée, vivace et quotidienne, des élus syndicaux de toutes les "catégories de personnels" de l'Office : des techniciens aux administratifs, des "artistiques" aux femmes de ménage et laveurs de carreaux (ces derniers nous firent parvenir une motion de soutien à l'intersyndicale comportant deux revendications : *un "bleu de travail" supplémentaire et l'objectivité de l'information à l'O.R.T.F.* "Utopiste debout", comme ordonnera plus tard, le graphiste de "Ne pas plier", Gérard Paris-Clavel).

Je signai, par ailleurs, les bons d'essence pour la DS du Directeur Général de l'O.R.T.F qui s'approvisionnait au garage central d'Issy-les-Moulineaux. La révolution tolère le sourire.

J'anticipai et devins, dès juillet, membre du Parti communiste français. J'appartins à la cellule dont le siège était proche de Cognacq-Jay où j'essayai, avec mes camarades de comprendre ce qui venait d'advenir dans notre pays convenant que "le Parti" n'avait peut-être pas compris tout de suite de quoi il s'agissait venant des "enfants de petits-bourgeois" à qui néanmoins la classe ouvrière emboîta le pas et en tira quelques (légitimes) avantages (le Joli Mai étant quand même à la contrainte sociale et morale du temps ce que le frisson peut être à la fièvre et la fièvre à l'infection).

CHAPITRE 10

Où de liste rouge en invité du dimanche l'on pique-nique avant les Salines de Chaux

A la rentrée de septembre, je figurais sur la liste rouge des réalisateurs (on sait les façons obscures des censeurs), et fus "repêché" par Eliane Victor (que je salue fraternellement) : trois heures en direct, mon université hertzienne, pour *L'invité du dimanche* dont Jean Brard filmait les reportages. Marcel Louis Dieulot conçut un espace "japonais" que matérialisaient des lais de papier verticaux glissant en camaïeu du jaune paille à feuille morte, ménageant une clairière où s'érigeait le praticable polymorphe de *Dim Dam Dom* dont je ne me séparais plus.

Je travaillai la symétrie du champ-contrechamp des deux protagonistes interlocutant, du gros plan au plan moyen, avec ou sans amorce, rigoureusement exécutés. J'utilisais une grue pour lier par panoramiques ou travelling les lieux d'action différents (danse, jazz), honorant le postulat élémentaire, pour moi, selon lequel l'unité organique du studio doit être respectée et rappelée à chaque occasion (l'espace, selon Einstein, naissant du rapport de deux objets, l'on s'en souvient). Contre-exemple flagrant : deux personnes en direct, une à Marseille, l'autre à Cognacq-Jay, ne sont perçues ni plus proches ni plus éloignées l'une de l'autre que les mêmes côte à côte en studio, filmées séparément, sans référence commune et chacun par une caméra.

C'est encore aujourd'hui un cas de figure couramment usité, et qui m'exaspère non moins couramment pour être le signe d'une insensibilité rédhibitoire à l'espace, matrice même de l'ouvrage des cinéastes. Le dernier avatar du genre, venu d'Amérique, of course, consiste à cadrer deux personnages en gros plan, liserés de blanc, réunis côte à côte dans la même image (et même s'ils sont à moins de trois mètres de distance dans le studio du Journal Télévisé).

En outre, les deux interlocuteurs fixent, parfois, l'objectif de la caméra, donnant ainsi l'impression de ne pas se regarder, préférant sans doute flagorner le "public" dans les yeux.

Ce cadrage confirme l'ambition de globalité et d'ubiquité de la télévision (et même temporelle puisqu'à l'occasion les protagonistes vivent un jour différent, l'un dans l'aujourd'hui quand l'autre vit déjà son lendemain, aux antipodes).

Quant à moi, je polissais ma révérence à l'étendue du monde qui m'était impartie, à chaque occasion, puisque filmer, c'était (et demeure) avant tout en faire partition, l'équarrir, pour mieux en sensualiser la générosité hospitalière. Mon plaisir ne cessait d'y trouver refuge comme à l'invention de ce plan fixe d'une compression miniature de César occupant nettement, un tiers de l'écran que traversent au lointain les silhouettes floues de Maurice Rheims et Pierre Dumayet, quittant le champ pour y revenir et disparaître à nouveau, deux à trois minutes durant. Cette figure de style, privilégiant iconographiquement un objet, pénalisait, aux yeux des académiques et même des classiques, les personnes privées de "point", quoique nettement identifiables.

Je passai, allègrement, dans le camp des baroques.

C'est ça la vie ou le pique-nique fit désordre dans les programmes de fin d'année 1968 que dirigeait à nouveau Claude Santelli. J'avais eu carte blanche pour imaginer un programme de cinquante-deux minutes, de genre *variétés*. Comme à chaque occasion offerte, je convoquai mes interprètes fétiches des *Plâtriers*, Jacques Gripel et Frédéric Santalla, auxquels j'ajoutai mes complices danseuses de René Goliard, Claude Baron-Renault, violoncelliste, découverte quelque temps avant, Julie Dassin, Christine Reynolds et Jacques Higelin, Jean-Pierre Alessandrini, pianiste et compositeur comme Francis Lai, un ami d'André Maurice que j'avais associé à la production. Comme son titre le laisse entendre, je fis du lieu de l'action, le studio 11 aux Buttes-Chaumont, une manière de prairie (quelques symboles d'arbres étaient brossés sur le cyclorama et masqués, au départ de l'action, par du papier collé).

Jacques Higelin menait le jeu, dans un rôle de réalisateur improvisant une émission, et décidant que le studio était plus accueillant qu'un coin de campagne pour y pique-niquer. Sitôt dit, sitôt fait : les danseuses envahissaient le plateau, arrachant le papier et découvrant les arbres peints pendant qu'entraient les autres acteurs de la fantaisie bucolique et les accessoiristes poussant leur chariot de victuailles "praticables" (c'est-à-dire réellement comestibles), étalées bientôt sur une large nappe à petits carreaux rouges et blancs, que les danseurs avaient brandie comme une voile, avant de la déposer. Les musiciens jouèrent, on raconta des histoires, improvisa, chanta, dansa, buvant et croquant à l'envi. A la fin, Jacques Higelin sautait à la corde avec le câble de la caméra qui le filmait quand vint le générique final.

J'avais résolu le problème des studios de télévision, lieux apocryphes, je le confirme, en leur assignant une fonction sociale d'aire de repos (ne restait qu'à les transporter au bord des autoroutes).

Ce ne fut peut-être pas ce transfert hypothétique qui motiva la mauvaise humeur du directeur de la télévision, confiant à Claude Santelli sa conviction : mon vidéogramme "avait fait capoter les fêtes de fin d'année". Le programme en question était, par ailleurs, de "qualité France", il est vrai : dramatiques distinguées, documentaire sur l'accouchement sans douleur, enrichi de Mozart, etc. On informait et instruisait, à n'en pas douter.

En revanche, l'insolente liberté déployée par les interprètes sur notre plateau éclaboussait quelque peu la loi du genre et singulièrement "pendant les fêtes" et leurs conventions. On la nomma *anarchie* et la forme qui la sertissait de même. La remise en cause du lieu, de la télévision elle-même, et en outre sur le mode de la liesse, fut ressentie confusément par mes détracteurs qui prirent prétexte, d'ordre quasi professionnel, pour blâmer *C'est ça la vie ou le pique-nique* et le déclarer nul (mais pas non avenu). Disons qu'en ces temps gris gaullo-pompidoliens, l'ouvrage était plutôt expressionniste, *différent* quand tout le monde voulait voir *pareil*.

Je le considère, quant à moi, comme le seul programme qui fut un écho vivant du "Joli Mai", à peine six mois après qu'il advint, alors même que certains n'y pensaient plus guère et que la publicité de marques faisait son entrée à la télévision française. A chacun selon ses moyens.

Je compte sur les doigts d'une seule de mes mains les projets personnels que j'ai réussi à mettre en œuvre à la télévision française en trente ans de pratique, et *Claude Nicolas Ledoux ou la ville idéale* fut le premier (juin 69). Je réunis quatre jours durant Henri Lefèbvre, philosophe, Fernand Pouillon, Claude Parent, architectes, Abraham Moles, sociologue, Michel Magne pour la musique, Norbert Schmuki pour la danse, Frédéric Santalla, Jean-Pierre Bertrand, peintre, et un montreur d'ours gitan et sa chèvre, dans les salines de Chaux. Le film débutait par un plan, filmé d'hélicoptère, où des enfants couraient, portant, horizontal, un portrait géant de Claude Nicolas Ledoux ; la suite du travelling vertical découvrait l'arc des bâtiments, en vue cavalière.

Fernand Pouillon soliloqua un quart d'heure durant, longiligne et sombre comme un Giacometti arpentant la place centrale ; Henri Lefèbvre tonna contre le monumentalisme complice du pouvoir, sur les marches de la maison du Directeur, quatorze minutes (et plan unique) comme Abraham Moles sous la pluie, longs traits sonores et visuels, variations sur la politique de la ville (que l'avenir n'a nullement pris en compte depuis, d'ailleurs). Partition splendide de Michel Magne dévorée par les danseurs dans le plein air. Une folie comme l'on dit en architecture. Ainsi, je poursuivais mon parcours, nourri de tous les genres en faisceau, pratique inusitée dans une institution triplement cloisonnée en *fiction, documentaire, variétés*, qui tolérait mal leur contiguïté - moins encore leur confluence - du sérieux, sinon de la gravité et des facéties musicales et chorégraphiques, sans parler du montreur d'ours. Il s'agissait, en fait, plutôt d'un documentaire, certainement d'un "film documenté", selon la formule de Jean Vigo. Le rapport, par exemple, des danseurs dans l'espace et des bâtiments indifférents réanimait le projet de Ledoux comme nulle autre image n'eût pu y prétendre. Ici, le mouvement chorégraphique, en "déplaçant les lignes", réveillait l'énergie des pierres immobiles comme l'ours, ludiquement, socialisait le lieu déserté, en équilibre sur une boule rouge capricieuse.

On pourrait croire qu'en mélangeant les genres, je cherchais les coups plus que la consécration. En réalité, délibérément hédoniste, je me moquais du tiers comme du quart des jugements qui n'entravèrent jamais ma course. Tout au moins pendant les dix années qui suivirent, où mes travaux - et ceux d'autrui - étaient envisagés comme des *originaux* personnalisés, quand ils sont aujourd'hui dévisagés pour la conformité de leur qualité industrielle de *produits*. Je m'adressais aux citoyens, ils visent le consommateur. A chacun selon ses besoins.

Le studio 11 fut repeint en blanc, pour y tourner *Ballet*, avec la troupe de Joseph Russillo, étoile de la danse américaine qui s'installait en France, en ce début de l'année 1970. Le blanc annulait le studio et la notion d'étendue, en l'absence de repères physiques perceptibles, mais favorisait la perception du mouvement. Ainsi, les danseurs se libéraient de l'espace et dans le même temps chacun d'eux le créait par son rapport à ses partenaires. André Diot pouvait, par ailleurs, à la demande, ombrer telle partie du champ, suggérant, ainsi, le relief, par taches grises.

Je voulus, par un signe, à la première image de *Ballet*, indiquer la conscience que j'avais de mon paradoxal usage du studio, tantôt atelier réel, tantôt abstraction spatiale, et réunis les deux versions en une troisième, entre perversité et calembour.

A l'ouverture, en effet, l'on entendait compter de 1 à 4, répétitivement, et découvrait deux femmes de ménage balayant le studio, sans qu'il y eût de lien plausible entre elles et le compte chiffré, mais à la fin du générique, l'on découvrait les danseurs au sol exécutant quelques exercices d'échauffement en collants blancs. Michel Portal, ses instruments à vent, Jean-

Pierre Drouet, ses percussions, entrèrent alors dans la danse et l'on ne fut pas frustré de musique, de pas ni de figures, rigoureusement cadrées (j'aime le champ du corps). Tout rentrait dans l'ordre, apparemment, mais je n'avais pas renoncé à ma veille dans le Temple hertzien dont les clercs s'enivraient, sans peine, de son extra-territorialité.

PS : A l'occasion d'une diffusion de ce film à la Cinémathèque de la Danse en février 2004, je vérifiai que son titre n'était pas "*Ballet*" mais "*Music and Dance : Esquisse*", en hommage à Joseph Russillo, citoyen états-unien. L'inégalité des chances du danseur et des femmes de ménage s'exprimait pour moi dans l'homophonie des deux mots : balai pour celles-ci, ballet pour celui-là. La lettre du calembour est absente, l'esprit demeure.

A la même époque, je reçus deux commandes privées, l'une de l'Olympia, le music-hall parisien, l'autre de la Fondation Maeght. La première concernait le récital de Caterina Valente, chanteuse allemande de réputation internationale, et la seconde un concert de Cecil Taylor, en trio, à Saint-Paul-de-Vence.

Je tournai ces deux réalisations, en film de 16 mm dont chaque bobine de 120 mètres avait une durée d'environ dix minutes. Je mis donc à l'œuvre deux caméras, portées par Yves Bonsergent et Adolphe Dhrey, grands reporteurs d'images, comme l'on dit aujourd'hui, et qui se succédaient sur le plateau (je les guidais, mes mains sur leur taille, comme je faisais depuis l'invention de la caméra portable). Une minute avant la fin de bobine d'une caméra, l'autre intervenait pour assurer la continuité du spectacle.

Je portai ainsi plus avant l'exploration du plan-séquence dont je pensais qu'il avait à faire (et à voir, bien sûr) avec la télévision telle qu'en elle-même le *direct* l'invente. Ces deux expériences approchaient l'idéal du *plan-film* - en un sens autre qu'optique - que je devais réaliser en vidéo dans les années suivantes (*Récital*, *L'œuf de Colomb*, *La Passion*, *Le grand inquisiteur*, *A Villandraut, ce quinze août*). L'approche de l'idéal du "plan-film" n'aboutit pas obligatoirement au plan-film idéal, comme ma pratique m'a permis de le constater.

Le fameux “donner du temps au temps” peut s’appliquer à cette démarche, qui consiste à lui accorder un sursis renouvelé avant l’inéluctable rupture de son cours, au terme de l’action représentée.

CHAPITRE 11

Où surgissent ma troisième productrice, deux documentaires, une provocation contrariée, et même Michel Drucker

La rencontre de la productrice Dominique Reznikoff, aujourd'hui écrivain, me valut quelques bonheurs professionnels dans les cinq dernières années de l'O.R.T.F. (1970-1974), en commençant, prémonitoirement, par *Du bonheur et rien d'autre*, une comédie musicale. J'en imaginais le livret avec Jean-Claude Grumberg qui signa les dialogues. Quelques poèmes, d'Aragon, d'Eluard, de Baudelaire furent mis en musique par Guy Skornic. René Goliard, mon chorégraphe fidèle, Frédéric Santalla, Martine Kelly et Christine Reynolds en furent les acteurs, chantant, dansant, enquêtant sur le bonheur ou le partageant selon cas. Le tournage eut lieu à Paris, en décors naturels, et la figure de style obligée fut, toujours et encore, le plan séquentiel, à peu d'exceptions près. L'esprit des *Plâtriers* animait le récit, mais enrichi par la partition originale et la couleur, un enjambement, en somme, de la prime aventure filmée en noir et blanc et sans paroles en 1964. La mise en scène prit, ici, une importance qu'elle n'avait pas six ans plus tôt. Je vérifiai, à nouveau, la double détente de la réalisation cinématographique : la mise en scène et le filmer, l'une plus ou moins dépendante de l'autre ou inversement, car il m'arrivait de décider un mouvement de caméra avant d'y loger le déploiement du jeu des acteurs. Cela était envisageable pour cause de plan séquentiel, la technique du champ-contrechamp s'accommodant, plutôt, des contraintes de la mise en scène préalable. Nous récidivâmes, six mois plus tard, toujours en film, dans une station de ski où nous tournâmes *Peut-être un pas ou deux sur la neige...*, au ton doux-amer.

Un couple de contemporains modestes et frileux (Odette Piquet et André Julien), gagnants d'un concours radiophonique, était reçu dans une station de sports d'hiver (qu'ils n'avaient jamais fréquentée, d'évidence). Hôtes de la suite nuptiale, les premiers jours, ils ne tardaient pas à être déménagés, pour cause d'afflux de clients en vacances, et finissaient leur séjour en partageant les châlits du personnel, dans le sous-sol de l'hôtel, non sans avoir sympathisé avec cuisiniers et garçons, qu'ils aidaient joyeusement.

Je filmai la neige pour la première fois (ma culture excluait le ski), provoquant mon valeureux chef-opérateur, Roger Dormoy, qui ciselait la lumière des projecteurs à l'aide de tant de volets qu'ils semblaient auréolés d'un vol de papillons noirs.

En cette même année 1970, Dominique Reznikoff se vit confier la soirée de réveillon, le 31 décembre, sur la 2ème chaîne, trois heures et demie de programme dont une heure avait été préalablement tournée par Jean-Christophe Averty (un show sur Patty Pravo, chanteuse italienne). *Le monde en fête* était le titre de notre programme. Toujours avec Jean-Claude Grumberg, nous silhouettâmes une fiction documentaire dont les protagonistes étaient des professionnels de télévision chargés d'un programme de réveillon, bien entendu. Claude Piéplu menait la danse de l'équipe avec la complicité de Charles Trenet. Patty Pravo, en personne, Quilapayun, une chorale bulgare, des acrobates et le montreur d'ours, bien sûr.

La soirée, en direct, commença chez Yvette, notre bistrot-cantine face aux Buttes-Chaumont, où j'avais attablé mes complices. Une caméra portée raccordait leur rapatriement, de la rue de la Villette où roulait l'ours brun, sur sa boule rouge, jusqu'au studio 14, à soixante mètres de là, parcours chantant, dansé, ininterrompu jusqu'au buffet étique. Jean-Claude Loiseau poursuivait l'Italienne pour lui arracher deux mots, Charles Trenet jouait au piano et à quatre mains avec Pierre Bouteiller, nous découvrîmes le cercle noir de Quilapayun, les acrobates avaient investi un studio voisin, désolé, encombré de décors en dépose qu'ils survolaient sans barguigner, pendant les chants bulgares qui ponctuaient la soirée jusqu'au discours traditionnel de présentation des vœux, à minuit, par Claude Piéplu dont le texte, mitonné par J.-C. Grumberg, n'avait aucune velléité d'optimisme.

Ma production esthétique, à la sixième saison de mon ouvrage, ne cessait pas de tordre désinvoltement le cou à l'académisme qui persévérait, en l'état, autant que s'entêtait mon humeur gasconne du haut de ses échasses taillées dans l'insolence (mais proche du centre de gravité). Le "motif" de la soirée (le scénario, ses dialogues) était au diapason de mon style formel et à tel point qu'il en devenait invisible, si vous voyez ce que filmer veut dire.

La critique fut acide et jusqu'au bon Jacques Siclier, du *Monde*, qui disait son soulagement, quand survint à minuit le filmage des *Folies-Bergère* par André Hunebelle, qui nous succédait à l'antenne, 1971 venue. C'est dire en quelle estime cinéphilique nous tint le spécialiste cette nuit-là. Il se murmura avec insistance que nous avions "attenté au moral de la nation" (pompidolienne cette fois). C'était vraiment trop d'honneur. Quoique.

Récital eut lieu, trois fois, en direct à la fin de l'été 71. Le cahier des charges était un peu flou, que nous honorâmes, avec Dominique Reznikoff, en favorisant la chanson que nous aimions (par Francesca Solleville, Monique Morelli, Pia Colombo) et la poésie (*Le bateau ivre* d'Arthur Rimbaud, in extenso, par Bernard Verley, un extrait des *Cahiers de Malte Laurids Brigge* de Rainer Maria Rilke par Daniel Emilfork et, par Malka Ribowska, quelques pages de *Légendes d'amour et de mort du cornette Christophe Rilke*).

Je réalisai *Récital* en un plan de quarante minutes. Avant *Récital*, la seule réalisation comparable fut *Huis clos* par Michel Mitrani avec la "caméra du Tour de France", légère et portable. C'était au mitan des années 60. Les temps de répétition des deux productions étaient incomparables, on l'imagine (cinq heures pour *Récital*). Je veux ainsi souligner que l'improvisation me semblait, toujours, le mode d'expression le plus adéquat au direct, ce futur en chantier dont rien, ni le pire, n'est jamais assuré ("*Nous faisons nos chemins comme le feu ses étincelles, sans plan cadastral*", dit René Char). Les Andalous nomment *el duende* cet état de grâce de l'inspiration, au vif, jaillissant des chanteurs, danseurs, danseuses de flamenco, des toreros. On peut imaginer *el duende* indispensable à toute improvisation, donc à *l'en direct.*

Je ne me souviens pas, au moment où j'écris, si ma décision de réaliser le *plan-film* était préalable ou bien naquit sur le plateau. Je crois que ce fut sur le plateau, dans l'instant. J'y réglai le premier plan, avec l'interprète concerné, quand me vint l'envie (familière) de lier ce coin de studio 4 avec celui où j'avais placé l'artiste suivant, non loin de là. Dévidant le câble de la caméra, gagné par l'ivresse, j'enchaînai avec le troisième numéro prévu et ainsi jusqu'au terme du récit, quarante minutes plus tard, sans fracture spatiale, ordinairement provoquée par la commutation d'une caméra à une autre. Au contraire, ainsi sourdait une sensation de traversée du temps (fil de chaîne) et de l'espace (fil de trame), synchroniquement ; ce plaisir matérialiste, en somme, d'honorer les deux éléments fondateurs de la vie, de la mienne, par l'unicité du plan, s'enrichissait alors d'une dimension complémentaire : nos spectateurs partageaient, en direct, simultanément peut-être ce pan de l'obstinée "métamorphose du monde" à nom de *Récital* et cette communion, vivement laïque, m'enchanta. En faut-il davantage pour persévérer ? Non, à mon goût, et je récidivai deux fois dans la quinzaine qui suivit.

Dominique Reznikoff fut le producteur qui m'envisagea le plus sûrement avec détermination. Elle me remit, un jour de juin 1972, une page dactylographiée : le synopsis d'un scénario sans paroles destiné à servir de support visuel au *Requiem* de Verdi, dirigé par Arturo Toscanini. C'était la simple histoire de trois enfants de choeur qui capturent un écureuil dans la forêt, au retour d'une visite à un agonisant, auquel le curé vient d'administrer l'extrême-onction. Plus tard, ils laisseront échapper l'animal au cimetière où l'on enterre l'ouaille défunte, et ne le rattraperont pas. Je fus touché par le hasard qui présida à la contiguïté de la proposition de Dominique avec la mort de mon père, un mois plus tôt et en écho du temps où je "servais", aux offices mortuaires de ma paroisse.

Nous tournâmes à l'île d'Oléron, engageant le vrai curé, l'abbé Jean Marchais, et des enfants du lieu, après un bref repérage local. Autre affaire fut la confrontation de la durée des plages musicales de la partition, du *Kyrie* au *Libera me*, avec l'exiguïté des péripéties exposées dans le livret. J'avais, évidemment, minuté les séquences et m'appliquai à déployer les actions pour contenir chacune d'entre elles, en un seul plan, une manière de "plain-champ", où chaque séquence équivaudrait à toutes les autres, à l'instar des notes (les blanches) du plain-chant. Tel fut mon projet, dans son principe. Nous filmâmes avec sons d'ambiance synchrones que je conservai à égalité de niveau avec la musique et les voix. Dans la séquence *Et la vie continue*, où j'accumulai les prises de vues d'activités quotidiennes des îliens, je ne manquai pas d'y faire figurer un plâtrier gâchant son plâtre, hommage filial et enjambement des *Plâtriers* de 1964, à la fois. Car, le postulat de ces deux films était rigoureusement identique et me contraignait à subir la loi du cinéma muet, moins les intertitres. La première fois, huit ans plus tôt, l'image fut le vecteur de la musique de chansons, au demeurant privées de leurs paroles ; à la deuxième occasion, elle tint aussi son pupitre en mesure, sans démériter davantage, peut-être pour cause de juste modestie, assurément par loyale simplicité de sa forme, sans pose ni flagornerie, devant la grandeur du *Requiem*, saluant, une fois encore, le temps qui marquait, ici, son irréductible compagnonnage avec l'espace, apprivoisé par une unique et courte focale (12mm).

Je dus à Olivier Todd, alors coproducteur d'un magazine sur la première chaîne, de faire équipe avec Georges Walter, à ma connaissance, le seul journaliste que la présentation du journal de 20 heures n'enchantait pas (il n'aimait pas faire l'icône), mais qu'il assuma, néanmoins, impeccablement, à la demande express de Pierre Desgraupes, nouveau directeur de l'information en 1972, nommé par Jacques Chaban-Delmas (nous débouchions sur sa "*Nouvelle société*").

Je proposais un reportage à l'usine Marchal, fameuse marque de bougies pour automobiles, à Asnières. Il ne s'agissait pas dans mon esprit, ni celui de Georges devenu mon complice, d'une enquête d'ordre industriel ; il s'agissait de confronter les jeunes travailleuses, vissées à leur machine individuelle, à des mannequins, vêtues de modèle de prêt-à-porter circulant dans les couloirs de l'atelier et qu'accompagnait Georges, lequel sollicitait les impressions des jeunes femmes au travail. Les réactions furent informatives concernant la partition de la société en classe : désir légitime, les robes leur étaient économiquement inaccessibles, le constat fut fataliste pour les unes, révolté pour les autres. Le rôle de Georges était inconfortable, dans l'œil de cette provocation, volontaire de ma part, pour éclairer la plaie de l'inégalité des chances (je l'avais envoyé en première ligne, sans pour autant me planquer). Mon ami fut là, talentueusement délicat, comme il sait l'être par nature, et je l'en remercie encore.

L'objet avait, au final, de quoi choquer les académistes frileux, et les hommes de gauche, mais une loi physique vint à leur secours : les micros haute fréquence avaient été caviardés par le bâtiment de béton (friture, coupures), rendant inutilisables les dialogues échangés pendant notre tournage ; on parlat de cage de Faraday. Le reportage ne fut donc pas projeté. L'eût-il été qu'il ne me réjouirait pas davantage, qu'il ne le fait quand nous l'évoquons avec Georges (il arrive que son oeuvre romanesque en cours, l'autorise à poser sa plume, de loin en loin). J'ai toujours grand plaisir à découvrir, dans chacune de ses œuvres, ce qu'il faut bien appeler son talent, sa manière dont l'humour est toujours le compagnon, tous deux forgeant une langue de style qui m'enchante.

En 1973, la crise agricole avait commencé en France, comme je pus le vérifier à Saint-André-le-Désert, dans le Clunisois. J'engageai l'ami Jean-Claude Loiseau et Patrice Blanc-Francart, journalistes, pour jouer les curieux dans la communauté paysanne.

Je n'avais jamais réalisé de documentaire et me posai donc, de prime abord, le problème de la forme. Je décidai de mettre en scène mes deux interlocuteurs ès qualités. Ils déboulaient, au premier plan, sur leur moto japonaise, à la verticale d'un hélicoptère découvrant, à leur poursuite, le titre du film peint en lettres géantes par mes soins sur la route menant à la ferme où allait avoir lieu leur première rencontre avec une agricultrice, qui les invitait à prendre une tasse de café dans sa maison, où la caméra les suivait, après avoir, sans cesser de filmer, quitté l'hélicoptère, qui s'était posé dans la cour, marquant ainsi, dès l'*incipit*, ma volonté de prendre mon temps là où il se trouve, ainsi que font les indigènes et les saisons. J'évidai hélas le plan au montage quand l'hélicoptère tardait, par trop, à retrouver la terre ferme, mais préservai l'essentiel de la sensation provoquée par le passage, en continu, du point de vue vertical au point de vue horizontal, et de l'extérieur à l'intérieur, pour aboutir au noeud du problème soulevé : l'avenir des hommes et femmes de la terre. Du livre de comptes commenté au marché des charolais, des frères célibataires au bal sous tente de toile et poignets tamponnés, pour attester le droit d'entrée, nous tournâmes quinze jours, nous attardant auprès de Louise, maîtresse femme célibataire, roulant ses cigarettes et usant d'un timbre et d'un vocabulaire enchanteurs. Trois soeurs adolescentes derrière leurs fenêtres fixèrent, à ma demande, la caméra panoramiquant de l'une à l'autre et j'accolai le plan, ébranlé par la furie musicale de Sonny Rollins, à la séquence de vieux frères célibataires, en manière de contrechamp.

Quelques écluses, ainsi, favorisaient le passage d'un propos à un autre (un personnage inventé, d'innocent de village - Daniel Isoppo -, des vaches peintes de Cueco), arc-boutées par des musiques d'ailleurs (Pharoah Sanders pour le bal) justement choisies par Even de Tissot, émérite illustrateur sonore et compositeur.

Je ne montai que des plans synchrones, évitant comme peste le chevauchement du discours direct des acteurs sur des images où ils vaquent, muets, en d'autres lieux. Filmer un citoyen, parlant en un lieu, puis, prolonger son propos, ailleurs, sur d'autres plans, où il figure (ou pas), était, est toujours, la pratique obligée des reportages, avant même que l'audimat ne se mêla du jugement des diffuseurs (pour ne pas lasser le "client" par des "longueurs").

Quant à moi, mon culte de l'unité spatiale et temporelle ne faiblissait pas et trouvait, au contraire, dans chaque "motif" nouveau une bonne raison de perdurer ; l'agricole ne fit pas exception. Par ailleurs, je ne tournais pratiquement jamais de chutes, ces images tournées mais non montées dans un film. J'ai cru comprendre que certains en tournaient et d'autres, même, ne montaient qu'elles.

Le Carnaval de Dunkerque avait retenu l'attention de Jacques Frémontier pour sa série documentaire *Vivre aujourd'hui* dont *La fête* devint, à cette occasion, le sous-titre et qu'il me proposa de réaliser. Une famille de dockers et celle d'un armateur local devaient fournir les personnages de notre "scénario" : le contraste social annulé par la liesse commune jusqu'au mercredi des Cendres, comment et pourquoi ? Tel était le postulat. L'alternance des séquences "populaires" et "bourgeoises" s'imposait au récit que j'eus envie d'agrémenter d'écluses, précisément, dont les acteurs furent une jeune dunkerquoise que je chargeai d'exprimer quelques aphorismes sur la fête, tout en se maquillant clownesquement, et Jacques Higelin, mon interprète de *Pique-nique,* auquel je pensai pour ses qualités d'improvisateur et d'anarchiste avéré. Je dénichai une citation de Freud : "La fête est un désordre organisé qui renforce l'ordre" qui m'enchanta et répondait quasiment à la question initiale. Je le fis peindre à vue sur un blockhaus du mur de l'Atlantique par la demoiselle indigène au premier plan du film.

J'écrivis avec "le grand Jacques", comme on l'appelle aujourd'hui, des vers de mirliton qu'il mit en musique et interpréta, guitare en mains, comme des *songs* brechtiens, à la première personne, rompant à quatre ou cinq reprises le récit des carnavaliers. De longs plans de foule chahutée, culs à culs, comme la tradition l'impose, ponctuaient le film. A la place de leur son d'origine, je mis des cornes de brume sur certains d'entre eux au final et obtins ainsi une gravité qui pouvait inciter à la réflexion, pensais-je alors et probablement en vain.

N'importe. J'avais l'impression d'avoir évité formellement les poncifs du genre par ajout d'éléments esthétiquement homogènes au sujet, quoique extérieurs à la réalité objective, ainsi tenue à distance, mise en perspective critique. Je méritais, sans doute aucun, une fois encore, ma réputation d' "imparfait du subjectif", comme l'on dit dans les hautes landes de Gascogne, du côté de chez Bernard Lubat.

Il n'empêche qu'au moins je rendis service à Jacques Frémontier qui porte à la ville un nez de fort belle taille. Pour ne pas contrarier l'ambiance, nous avions décidé qu'il arborerait, pendant les interviews, couvre-chef fantaisie, postiches et lunettes rondes qu'il afficha crânement. A tel point que beaucoup, le voyant ainsi masqué, pensent encore, qu'enlevant les lunettes, suivait le nez.

Je remplaçai, au pied levé et à sa demande Rémy Grumbach, réalisateur de *Sport en fête*, un dimanche de mars 1974 sur le Studio 4, à Cognacq-Jay, Michel Drucker animait l'émission, comme l'on dit. Il était l'hôte de Jane Birkin et de quelques-unes de ses (nouvelles) chansons. J'en profitais pour "distribuer" mon ami Claude Baron-Renault et son violoncelle que j'installai sur le trottoir de la rue de l'Université, accessible, comme je l'ai déjà précisé, à l'une des caméras câblées du studio et son pied boule (ces pieds de caméras étaient là depuis l'origine de la télévision et flânent sûrement encore, en nos régions). Eddy Mitchell était des invités et prit l'air, lui aussi, pour en pousser, une sinon deux.

Le dispositif de ce genre d'émission est sans âge. L'on ne peut les distinguer que dans et par la forme de l'écriture, du filmer. Mes escapades, hors studio inquiétèrent Michel Drucker. A chacun des retours *indoor* il martelait, goguenard : "Il faut excuser Raoul Sangla, c'est aujourd'hui le printemps !". Si parler veut bien dire, je crus entendre que je fautais et qu'à tout prendre, en me désignant, il s'exonérait, à tout hasard, de mes écarts d'écriture. Mais peut-être était-ce de sa part clin d'œil approbateur ? Ce qui est sûr c'est que plus de quarante ans plus tard, il persévère, un œil sur sa caméra domestique, et l'autre à son affaire, et bien civilement. Il n’aura pas volé sa retraite, le Michel.

CHAPITRE 12

Où la fin de l'O.R.T.F ne me porte pas malchance tout au moins quatre saisons durant

L'O.R.T.F. mourut le 31 décembre 1974 et Antenne 2 jaillit de ses cendres le lendemain, où des hommes "nouveaux" apparurent. En l'occurrence et me concernant plus spécialement, Michel Lancelot, producteur et animateur de radio réputé.

Il me demanda de filmer, en direct, *Un jour futur*, qui occuperait l'antenne, l'après-midi du samedi, et comporterait, inclus, des séries, des sujets préfilmés. En fait, une heure et demie de variétés en direct, avec des dialogues, sosie du *Nouveau dimanche* de 1967 et dans le même studio 4. Deux canapés, un piano et quelques sièges campaient, en son mitan, pour accueillir les beaux parleurs de passage alimentant les rubriques du magazine. Pour marquer l'origine extérieure au studio des documents et leur qualité de citations dans le récit en direct, je faisais apparaître dans le champ mes assistants, à tour de rôle, portant sur l'épaule un moniteur de contrôle dans lequel je montrais l'amorce du film qui déroulait ses 5.4.3.2.1 avant de livrer la première image ; ensuite seulement je le commutais à l'antenne. A la fin du sujet les dernières images s'affichaient, à nouveau, sur le moniteur perché, comme un oiseau de couleur, sur l'épaule de Joseph Lewartowski ou de Jacques Stocane, coiffés de bérets rouges.

J'avais, quelques semaines auparavant, innové sur le studio 101, cinq jours durant, dans l'émission de midi trente de Danielle Gilbert, en faisant descendre des Buttes-Chaumont trois miroirs de taille (2,5m x 3 m), calés sur roulettes, avec lesquels je jouai, évidemment. Je repris donc l'idée, et le jeu, sur le 4, mais à vue. Les machinistes, à mon signe, déplaçaient l'une ou l'autre des glaces jusque devant la caméra où elle effaçait l'espace cadré pour révéler celui qui était, l'instant d'avant, le hors-champ, de part ou d'autre de la caméra. Il y avait un parfum de provocation, pensa-t-on, dans le Landerneau, puisqu'aussi bien l'on pouvait y lire le rappel d'une mise en garde bien connue : "Méfiez-vous, une image peut en cacher une autre" discréditant le message télévisuel dans son ensemble (celui qui veut le leurre et l'argent du leurre). Je malmenai le principe de la caméra comme centre du studio ("Le pouvoir est au milieu", disait-on déjà chez Périclès), filmant, depuis l'extérieur du cercle des acteurs, périphériquement, par mode centripète et avec une caméra unique ; bien sûr.

Dans l'hommage rendu à l'image et à son reflet, j'allai jusqu'à filmer l'interview de Romain Gary en l'enfermant, avec Michel Lancelot, entre quatre miroirs. Une myriade de Gary et de Lancelot se renvoyait leurs profils, leurs faces et leurs nuques.

Une parodie de sodomie par deux peaux d'ours qu'animaient deux comédiens de Jérôme Savary nous valut d'être suspendus quelques jours. La chambre syndicale des radio-électriciens français protesta, entre temps, auprès du président Marcel Jullian, reprochant à *Un jour futur* de décourager les acheteurs de téléviseurs du samedi : la lumière, à effets contrastés (Roger Dormoy, Serge Palatsi) faisait "neiger" dans les postes à vendre.

Mes directeurs de la photographie, André Diot, en premier lieu et dès le *Nouveau Dimanche* (débuts de la couleur) bataillèrent avec les chefs d'équipements, ces électroniciens qui exigeaient "1 volt", (je ne sus jamais réellement pourquoi), mesure dont le respect, en lumière, aboutissait aux pleins-feux, quand nous tenions à nos ombres. La guérilla tourna néanmoins à notre avantage dès la fin de la *saison*. Huit ans plus tard, le commerce se mêlait de ce qu'il regardait. Le destin leur fut favorable car peu de temps après, à la quinzième édition, je fus remercié sans que, Michel Lancelot, le producteur, puisse jamais justifier mon licenciement. Par ailleurs, outre la vue des ours, je dois avouer que je ne filmais pas l'animateur qu'il était, en forme de photomaton, comme tout un chacun. Certains préfèrent à l'exception, la règle.

L'an 75 du siècle dernier s'était ouvert pour moi, professionnellement, sous le signe de l'abondance. Outre *Un jour futur*, je me vis proposer de réaliser bi-mensuellement *Best Seller*, de Jean Ferniot et Christiane Collanges pour TF1. Emission littéraire comme il en fleurit tout au long de l'histoire de la télévision dans laquelle les deux hôtes recevaient écrivains et romancières aussi soucieux d'éclairer le public sur les arcanes de leurs œuvres que de les convaincre d'en acquérir un exemplaire. Pour ce qui me concernait je demandais, bien sûr, à Marcel-Louis Dieulot, le bien nommé, d'inventer un espace où l'échange trouverait ses aises. Il traça un rectangle dont les largeurs, aux extrémités, étaient occupées l'une par un trône double où les producteurs asseyaient leur autorité, l'autre par une sculpture, un arbre à livres, pourvu. Les deux longueurs, se faisant face, alignaient des sièges joints où les auteurs prenaient place. C'était l'époque, je l'ai déjà avoué, où le reflet m'obsédait particulièrement et je suggérai à Marcel-Louis la suspension de miroirs obliquement suspendus au-dessus de chacune des deux rangées de siège de telle sorte qu'en panoramiquant de bas en haut ou inversement, depuis le côté opposé, la caméra proposait la vue, alternativement, des uns et des autres se faisant réellement face dans le décor.

Les commentaires allèrent bon train à propos de cette extravagance visuelle mais je n'en fus pas pour autant remercié par Christiane ni par Jean dont je salue, ici, la rare élégance.

Je pris au mot Marcel Jullian lorsqu'il exprima devant moi le souhait, qu'il pensait irréalisable, d'imaginer un feuilleton de vingt-six fois treize minutes et de le tourner, prêt à diffuser, en cent jours. Je mobilisai mes amis Jean-Charles Lagneau et André S. Labarthe avec qui, en trois jours, nous inventâmes une histoire de joyeux malfrats partis à la recherche du trésor des Lamballe du côté de la Maison de Radio-France, sous l'autorité de Mamma Rosa. Après un siège en règle du président d'Antenne 2, j'entamai le tournage le 1er décembre 1975 et le terminai soixante-dix jours plus tard, livrant les vingt-six bobines à la mi-avril 1976.

C'était mon premier long métrage de fiction, et qui avait une durée égale à quatre films du commerce. J'appliquai à la comédie le style séquentiel qui m'était une deuxième nature, bouclant chaque scène en un plan, le plus déployé atteignant neuf minutes et demie (une bobine de 120 mètres) dans un dancing à tango, rue au Maire, caméra portée par Jean-Paul Berrou, opérateur d'exception, qui assura le cadre de presque tous mes tournages en film.

Je vérifiais, chaque matin, sur le "plateau", c'est-à-dire dans une cinquantaine de lieux de vie réels, que mon plaisir s'aiguisait encore aux difficultés qui pouvaient contrarier la maîtrise de l'espace que je découvrais en y arrivant, et qui me contraignaient, souvent, à inventer pour phagocyter leurs contraintes. Je rapprochai mon comportement de celui des adeptes du jiu-jitsu, ne s'arc-boutant jamais contre l'adversaire, mais profitant de l'énergie de ses attaques pour le réduire. Les six heures de film furent tournées avec un seul et même objectif, fixe, de 12 millimètres de focale (environ 25 mm en photographie), choisi pour la qualité de sa profondeur de champ, depuis dix ans déjà. L'effet recherché, esthétiquement, consistait en une préhension identique de l'espace du premier au dernier plan du feuilleton, le champ filmé étant géométriquement égal à chacune des prises de vues.

Le ton du jeu oscillait entre naïveté et loufoquerie, et laissa sans voix les critiques rompus aux feuilletons télévisuels familiaux. La direction des programmes laissa dormir deux ans *Mamma Rosa ou la farce du destin* (la musique du générique était celle de l'ouverture de l'opéra de Verdi), et me contraignit à remonter le film en six épisodes de cinquante-deux minutes qui furent diffusés au printemps de 1978. L'inconséquence a-t-elle des limites ? A peu près les mêmes que l'inconscience suffisante qui écarte, dieux merci, ses pratiquants des joies insoupçonnées du *filmer*, demeurant, à jamais, les nôtres.

A Pâques de l'année 1976, Arnaud Ténèze, pour TF1, m'offrit, aubaine inattendue, une carte blanche de près d'une heure, cinquante-deux minutes précisément (ce compte horaire ménageait huit minutes par heure à la publicité). Raymond Moretti, un ami peintre, vivait à la Défense dont les entrailles contenaient son *Monstre*, sculpture monumentale et proliférante. L'idée me prit d'arpenter la Défense, en partant de sa caverne pour remonter à la surface, vingt mètres plus haut, et de poursuivre sur la dalle, au pied des gratte-ciel.

J'avais l'itinéraire, il me fallait des maraudeurs. Raymond, bien sûr, dessinant (il invita, au dernier moment, Klaus Kinski et Claude Nougaro pour lui servir de modèles), Joseph Russillo et son ballet animant *Le monstre* et quelques recoins du parcours, André S. Labarthe et Jean-Clarence Lambert commentant poétiquement le lieu, trois élèves du Conservatoire, Martine Drai, Jean-Michel Dupuis, Christian Peythieu, disséquant des extraits d'*Une saison en enfer* guidés par Paul Seban, François Ascher, sociologue de la ville, parlant de la vie à la Défense, désertée en cette fin d'après-midi de mai, comme d'une ruine archéologique abandonnée depuis deux siècles, Michel Portal, Bernard Lubat, Jean-François Jenny Clark et Aldo Romano jazzant, Claude Baron-Renault et Alain Meunier violoncelant, chacun de ces acteurs occupant plusieurs places sur le parcours entrelaçant de la caméra dont les trois cents mètres de câble tirés de sous la dalle vers la surface, au tout début du plan, se déroulaient jusqu'au final, incessamment, puisqu'il s'agissait d'un plan non pas "séquence" mais "vidéogramme", peut-on dire, puisqu'il avait la durée de l'œuvre entière : 52 minutes.

L'on peut évoquer, obstinément, le baroquisme pour qualifier cet objet vidéographique non identifié, et l'on ne manqua pas de l'entendre mais en mauvaise part, le "mélange des genres", encore lui, autorisant certains commentateurs à parler plutôt de désordre et de bizarrerie que d'ordonnance, et moins encore de nouveauté. J'insiste au passage, et en toute immodestie (je n'ai de leçon d'immodestie à recevoir de personne), sur cette réalité : la différence, en quelque domaine que ce soit, est, on le sait, la chose la moins évidemment admise qui soit. Le désordre, peut-être, mais s'il renforce l'ordre, exclusivement (Freud). Tel n'était pas mon objectif. J'avais eu simplement envie d'exprimer une réflexion sur un coin de réalité urbaine, par des moyens moins usités que d'autres, portés par ce fragment temporel continu que dévorait, sans repentir, ma caméra frivole. TF1 mit un an à décider la diffusion de *L'œuf de Colomb*, sans chercher à savoir ni moins encore à comprendre pourquoi un tel objet pouvait avoir vu le jour. Je concluais, à la dernière image, notre périple, béret en tête, regard dans l'objectif, par cette simple affirmation alexandrine : *les poètes venus faisaient des choses simples* avant de joindre l'index et le majeur de la main droite pour ordonner la coupure et mettre fin à la déambulation. Le noir gagnait alors l'écran, docile aux souhaits de son fauteur d'images.

Trois mois plus tard, le 15 août 1976, je dirigeai une sanglade du même cuir dans le château, à ciel ouvert, de Villandraut, en Gironde, dans une production d'Alain Pujol et que d'aucuns crurent consacrée à François Mauriac (Malagar n'était pas loin). Le seul élément mauriacien de l'affaire était Anne Wiaziemsky, sa petite-fille, que j'avais engagée avec Lazlo Szabo, Jean Lescot et Richard Leduc pour jouer des fragments d'*Hamlet* et de *Richard III*, texte en mains, dans ce récit gascon en direct. Il va de soi que je le conçus pour être déroulé d'un seul tenant, soixante-quatre minutes durant, non point pour figurer au livre des records (même si ce fut et demeure probablement un record mondial) mais pour continuer d'explorer le rapport particulier de l'action (parole, musique, poésie, peinture) avec la forme expansée des prises de vues d'un plan devenant un “film”. Je n'ai jamais, quant à moi, dressé un catalogue des qualités spécifiques de ces plans “entiers” ni du rapport unitaire de l'espace et du temps qu'ils engendrent ; à chacun d'y réfléchir si bon lui semble, et d'en tirer profit, à l'occasion.

Une aubaine me fit profiter de 285 mètres de rails de travelling qui transitaient dans la région, et que je déployai à l'intérieur des remparts, tapissés d'herbes folles, traçant ainsi le trajet du discours polymorphe. La caméra, droite sur son chariot, pouvait panoramiquer à trois cent soixante degrés, à condition de rapprocher d'elle les péripatéticiens quand ils se situaient dans l'axe des rails, pour ne pas les découvrir (même si la chose arriva, involontairement). Je ne laissai rien perdre des avantages de ce transport souvent négligé de moitié par ses utilisateurs (180° montrés au lieu de 360°).

Ainsi réapparaissait mon goût de la griserie spatiale. Gemmeur, bonne du curé, braconnier, peintre (Roger Lersy), chanteur (Jean-Claude Vannier), journaliste (Maurice Achard), dramaturge (Jean Vautier), musiciens (Bernard Lubat et Jean-François Jenny Clarke) croisaient la caméra en mouvement qui les filmait, un moment, avant de reprendre sa course. Patrick Poivre d'Arvor dialoguait avec chacun, parfois assis à ses côtés sur un deuxième chariot accolé au premier et que je faisais rouler lentement, d'un même mouvement, de telle manière que les deux parleurs étaient fixes et le paysage mobile derrière eux (l'on ressent fortement un phénomène semblable dans un train arrêté en gare parallèlement à un autre train qui se met en route, vous donnant l'impression de bouger à sa place). Comme je l'avais déjà fait dans *Un jour futur*, j'entrai dans le champ, à Villandraut, venant de derrière la caméra, histoire de rappeler aux spectateurs que l'apparente magie ne peut se passer de complices, ni ceux-là de vanité, peut-être. Je les avais prévenus à la première image où je m'adressais à eux pour leur rappeler qu'une image pouvait en cacher une autre : on voyait mon reflet dans un miroir que l'on escamotait à la fin de la préface, livrant ainsi une forêt à la vue de tous ; et lorsque je commandai : “Envoyez l'orage !” (enregistré), ce fut un vrai tonnerre qui claqua, supplémentairement, et la pluie de l'accompagner, vingt minutes durant. Mes détracteurs me soupçonnèrent de commander aux éléments et je ne fis rien pour les en dissuader.

PS : Bien longtemps après la rédaction de cette fin de chapitre, lisant *Notes sur le cinématographe*, de Robert Bresson (ed. Gallimard, Folio, 1988), je découvre, page 128 : “Ne te refuse pas aux prodiges. Commande à la lune, au soleil. Déchaîne le tonnerre et la foudre". Réjouissant.

CHAPITRE 13

Où ma mise en scène contestée de la grand messe du 20 heures précède ma rencontre de Jésus

Je n'avais jamais collaboré au journal télévisé jusqu'à ce jour de février 1977 où Jean-Pierre Elkabbach, nouveau directeur de l'Information, me demanda d'imaginer une mise en scène pour ses journaux d'Antenne 2, diffusés, depuis le studio 2, à Cognacq-Jay. Je voulus, une fois encore, réduire le lieu à ses qualités d'atelier, *lieu de travail des ouvriers et des artistes*, comme précise, on le sait Larousse. Je demandai à Marcel-Louis Dieulot, mon inventeur d'espace, le dessin du projet. J'y introduisis un téléscripteur débitant les dépêches A.F.P. (la vie du monde devenue "nouvelles"), des moniteurs au-dessus du présentateur où patienteraient les images venues d'ailleurs avant leur lecture commentée (idée reprise par bien des journaux télévisés), ainsi qu'une salle d'attente où les invités attendraient, à vue, leur passage à l'antenne. L'entrée de J.-P. Elkabbach, papiers en main, s'inscrivait dans la chorégraphie d'un travelling vivace (le premier de l'histoire du journal en direct, dont les caméras étaient et demeurent plutôt plombées) qui décrivait le studio, avant de stopper dans l'axe du bureau où s'asseyait le journaliste. Il vient d'un lieu de travail (la salle de rédaction, hors-champ) pour rendre compte des travaux du collectif, réfléchissant l'actualité du jour, il rejoindra ses confrères dès la fin de l'édition quittant les lieux, à vue. Voilà ce que voulait signifier ma mise en scène au contraire du dispositif traditionnel et statique enchassant l'icône. Ma conviction était, et demeure, que l'entrée physique des acteurs professionnels de la télévision dans le champ du téléviseur est un acte qui doit affirmer la loyauté du rapport civique qui nous lie, eux et nous, devant notre poste, alors que leur apparition, en majesté, trônant dès la première image, apparemment là depuis toujours et pour toujours (ils ne nous en dissuadent jamais) ressortit plutôt à la magie (du spectacle). Souvenez-vous qu'il y a à peine quelques années encore, surpris le téléphone à l'oreille entre deux sujets du journal, ils le reposaient, brusquement, comme un objet trivial, incongru dans le studio extra-territorialisé, à mi-chemin de la réalité et de la fiction, en somme.

Ainsi en alla-t-il nouvellement, quelques mois au Journal d'Antenne 2, jusqu'à ce que son directeur me remercie (comme l'on dit si improprement), accusant ma réalisation d'éloigner “les clients”, ce que je considérai comme le meilleur hommage que l'on put rendre à ma mise en scène, dont l'efficacité est la première vertu (quand mise en scène il y a). Le directeur choisit de se conformer dorénavant à la mode du temps : l'incrustation, où il était serti par un monde virtuel de chromos animés que feignait d'ignorer son regard vrillé aux lettres du prompteur, quand bien des citoyens naïfs croient ferme qu'il les fixe (ce qui n'est pas si faux, entendu au sens toxicomaniaque du verbe).

J'avais exigé de signer ma mise en scène originale du journal, comme de toute œuvre que je réalisais, ce que je fis, en fin d'édition (l'on n'en signait pas la réalisation depuis son origine même). Voilà la première trace de mon passage à l'Information télévisée, et tenace, puisque mes successeurs en profitent encore aujourd'hui ; la deuxième trace, plus efficiente, plus éphémère, aussi, figure au chapitre 16.

Drôle de baraque prit le relais en cette année 1977, l'automne venu. Mon ami Jacques Audoir avait le goût des spectacles de cabaret en ce temps où fleurissaient duos, troupes et numéros solos à Paris. Il convainquit Armand Jammot, ci-devant véritable directeur des programmes d'Antenne 2, que présidait Marcel Jullian, de produire une série d'émissions de trente minutes, mettant en scène les performances de ces jeunes gens. Il me demanda d'en partager la réalisation, avec lui-même et Gilles Daude, l'un des *équarisseurs d'espace* de ma harde, dès les années 60, et qui était, maintenant, notre pair.

L'on s'installa hors les murs, dans une friche du 14ème arrondissement, qu'un car de reportage transformait chaque semaine, en plateau, comme nous disons d'un lieu où l'on filme. Alternativement nous utilisions la "baraque", constituée d'une cour protégée par un auvent et d'un corps de bâtiment dont la façade comportait, au rez-de-chaussée, cinq ouvertures, deux portes et trois fenêtres, donnant sur un couloir et des pièces accessibles ; l'ensemble devenait, sous nos projecteurs, un décor où l'on mettait en scène le spectacle.

Je trouvai là des conditions spatiales propres à favoriser mon appétit d'entrelacer les acteurs en mouvement et la mobilité de la caméra, unique, bien sûr, ingérant sans discontinuer, trente minutes durant, la trame du récit.

La série prit fin au terme de la saison 77-78 et jamais nous ne revîmes ouvrages comparables à l'antenne, même si, depuis trois décennies, se sont multipliés les "fantaisistes" dont pratiquement aucune émission ne peut se passer d'en exhiber une ou un, ou plusieurs, en son sein, tant rire de toute chose (et faut voir comme) semble la panacée ultime à tous nos maux.

La Passion (selon saint Mathieu) fut le second projet d'inspiration personnelle que je tentai de mettre en œuvre, faisant littéralement le siège du bureau de l'homme fort du moment à Antenne 2, Xavier Larère, ci-devant directeur général. J'arrachai la décision au plus bas prix : un jour de répétition et un jour de tournage pour filmer cinquante-huit minutes de mon chemin de croix. Alain Claessens fut Jésus, entouré d'amis et de leurs amis : Anne Wiazemsky (Véronique), Jean-Pierre Sentier (Pilate), François Dyrek (Judas), Véronique Silver (Marie), Martine Drai (Marie Madeleine), Henri Dieu (Jean), Frédéric Santaya (Simon de Cyrène), André S. Labarthe (le bon larron), Philippe Nahon (le mauvais larron), Patrick Meunier (Pierre), Daniel Isoppo (le centurion), avec la participation de cent cinquante figurants, ceints de draps teints dans les tons de la palette des peintres du Siècle d'Or.

Je choisis la Butte Rouge où Jaurès harangua les foules pour figurer le Golgotha, porte du Pré Saint-Gervais, à Paris, où vieillit une église désaffectée, dédiée à Sainte Marie Médiatrice.

L'action commençait devant son portail qui s'ouvrait, découvrant à la caméra la troupe des interprètes finissant de se préparer. Alors le cortège de la tragédie gagnait le flanc de la colline, sans impressionner le flot visible des voitures sur le boulevard périphérique.

Je précédai le cortège, de conserve avec le cadreur (ils furent deux alternativement Jean-Paul Jaud, Gérard Thomas, caméra à l'épaule, trois cent mètres de câble les liant au car-régie que j'avais déserté). Peu après la sortie du temple, subitement, sans l'avoir prémédité, je criai : "Stop !" Le cortège se figea. Quelques cinq secondes plus tard, je brisai le silence : "En avant !". Le supplice reprit son cours. Cette figure de style, que je n'avais jamais vue ailleurs, je la réitérais sept fois avant la mise au tombeau (en l'occurrence le baptistère de l'église). Il ne s'agissait pas d'une image arrêtée - pratique technique utilisée, à l'occasion, dans un film - mais de ce que Pierre Baudry dénomma des *stases,* arrêts de l'action tout entière, marquant métaphoriquement l'effroi devant le prévisible destin tragique du nazaréen. Le chemin de croix traça un cercle de six à sept cents mètres de diamètre, autour de l'église, culminant sur la colline où était fichée la croix.

Les quatorze stations s'égrenèrent jusqu'au retour dans l'église où le corps de Jésus fut couché, veillé par Marie que la caméra abandonnait à sa douleur avant de retrouver le parvis et les portes monumentales se refermant sur le tombeau.

Si je n'avais déjà inventé le plan-film, le plan unique contenant l'exposition, le noeud, les péripéties et le dénouement d'un événement devenant histoire, il m'aurait fallu l'inventer pour réaliser *La Passion*, car elle est, pour moi, la tragédie générique, où se rejoignent, dans la croix, le symbole de l'homo erectus et l'instrument de sa propre mort. Tragédie car le sort en est jeté, au commencement même de la représentation, et le dernier soupir de Jésus, impitoyablement prévisible. Le hasard semble déserter les lieux, même quand le condamné est innocent, fût-il semeur opiniâtre de désordre qui, là, ne renforcerait pas l'Ordre.

Mon ami Paul Seban, agnostique comme moi, écrivit un fort commentaire fondé sur les informations historiques connues les plus objectives concernant la vie et la mort de Jésus, homme parmi les hommes, accompagnant le déroulement inexorable de sa mise à mort. Il entrait dans le champ, vêtu à la mode de 1978, représentant, dans le cortège, ce monde contemporain qui le cernait de boulevards voituriers indifférents (à la troisième chute, il ramassait la couronne d'épines et la déposait sur le front du supplicié).

Ainsi s'avérait, absolument, l'adéquation entre le sort implacable réservé à Jésus et le mode de filmer, sans relâche déployé par la caméra têtue jusqu'à vérifier l'accomplissement du destin fatal qui, autrement appréhendé, aurait pu s'abîmer dans les ténèbres d'une collure.

CHAPITRE 14

Où deux écrivains communistes me fournissent motifs à filmer encadrant le Grand Inquisiteur

La Passion m'assura l'intérêt de Xavier Larère à qui je proposai une série documentaire sur Louis Aragon, imaginée par Jean Ristat, auquel m'avait présenté un ami commun, Bruno Mathieu Marcenac. Nous tournâmes neuf jours, fin mai et début juin 78, en commençant par "La Closerie des Lilas" où il se balançait aux lustres, cinquante ans plus tôt, avec ses amis surréalistes, histoire d'exaspérer quelques caciques honnis. Les neuf jours furent en réalité neuf fois soixante à quatre-vingt-dix minutes de tournage en continu, à deux caméras (film 16 mm), armées du même objectif, se succédant et chacune filmant l'autre quittant son champ pour changer de magasin à pellicule. L'action consistait à remonter le cours des jours de Louis (ainsi l'appelait-on, à l'anglo-saxonne), Jean Ristat à la barre et moi filmant l'expédition, sans cacher mon travail ni à l'occasion ma personne (livres feuilletés devant l'objectif et photos du tournage de la veille que je présentais au poète).

La première surprise, pour nous, dès l'incipit, comme disait Aragon, fut sa décision, suivie d'effet, de porter un masque, blanc et neutre, pendant le tournage (il y en eut un rouge sur la piazza Beaubourg), jugeant son visage de vieillard indigne d'être montré ("Fallait en profiter plus tôt", nous lança-t-il) ou fidèle, en sus, à un serment de jeunesse (le groupe surréaliste s'engagea à fuir l'iconographie publique, ce que fit René Char jusqu'à sa fin - hors pour un film suisse de Tanner en 1968, et Matta, le peintre chilien, cachant son visage des mains pendant un *Référence* que je tournai en juin 1995). Ainsi dus-je filmer le travail aux ciseaux de notre poète, crevant le masque pour y entailler deux orbites et une bouche mince, agrémentée d'une moustache dessinée au crayon à bille, puis pointillant des poils de barbe, d'une oreille à l'autre. Dans une télévision idolâtrant le "gros" plan, notamment celui du visage (mais pas seulement), l'on imagine le sacrilège auquel crièrent les clercs (et les bailleurs de fonds publics), sans compter que je cadrais les deux interlocuteurs souvent avec amorce (de l'un ou de l'autre) et en gardant les mains dans le champ de façon à peu près systématique. Provocation à double détente, en somme.

Dans deux numéros de *Aragon, dits et non dits*, il renonça au masque ; nous écartâmes trois numéros pour raisons diverses. Les six numéros diffusés quinze mois plus tard par Antenne 2 furent montés - assemblés plutôt - dans l'ordre chronologique du tournage de chaque numéro (du "Bonjour" de Louis à son "Au revoir"). Chaque coupe, suturée par des images noires, de longueur différente, avouait les ruptures dans la continuité de l'action, du discours (comme les trois points entre crochets de l'édition). La série ne ressemblait pas à l'hagiographie qu'espéraient, d'évidence, tel ou tel, mais montrait l'état d'un écrivain français et communiste abordant sa neuvième décennie d'existence, réaliste comme jamais, ce que j'avais tenté d'être moi-même en le filmant comme je l'avais fait, et affirmant, ainsi, son existence indépendante de ma caméra. Il eut le dernier mot, au dernier jour ; décidant d'en finir, il m'ordonna, fixant l'objectif : "Baisse ton œil, maintenant". J'obtempérai.

L'empathie momentanée de Xavier Larère me valut commande, de sa part, d'une adaptation d'un apologue des *Frères Karamazov*, dite *Le grand inquisiteur* (Jésus revient sur terre, accomplit deux miracles et, pour cela, est arrêté par le grand inquisiteur qui l'accuse de saper l'autorité de l'Eglise, mais le libère néanmoins après un long sermon).

En l'adaptant, j'imaginai un lieu unique, alentour d'un château à douves, avec forêt où les habitants de l'endroit, aliénant absolument leur liberté, passeraient leur vie à couper des arbres et à les débiter pour alimenter les bûchers de l'Inquisition qui ne cesseraient de se consumer.

L'idéal fut localisé près de Cosne-sur-Loire, à Bure en Lure, où fut tournée mon adaptation avec, en tête d'affiche, Alain Claessens, qui fut Jésus, comme en *La Passion*, Michel Robin fut l'inquisiteur, Frédéric Santalla l'aveugle miraculé, Anne Wiazemsky la mère, dont l'enfant, Valérie Dréville, ressuscite, et Marcel Bozonnet, le récitant. L'action se déroulait sur quatre cents mètres de parcours, du bois au château, séparés par une vaste prairie en pente sur laquelle apparaissait Jésus parmi les cent paysans - figurants locaux fourmillant autour des souches et des billots, que traversait un cortège épiscopal (l'ami José Maria Berzosa en était l'éminence et son fils, Luis, le porte-croix, en soutane et surplis). Nous répétâmes le premier jour et filmâmes deux fois le lendemain le plan de soixante-quatre minutes, caméra portée au Steadycam par Jean-Paul Jaud, émérite cadreur sanglesque. Le steadycam est une prothèse ventrale, dont s'harnache un opérateur, généralement spécialisé. La caméra y est fixée en son centre et repose sur un système de ressorts qui la protège des cahots de la marche de son porteur, le tout pèse bien dix kilos. Réaliser deux "prises" de plus d'une heure chacune dans le même après-midi, avec une station de vingt minutes en quasi immobilité dans un cachot du château, tenait de l'exploit sportif de haut niveau autant que de la rareté stylistique, il faut bien le dire et je dis bien : chapeau, Jean-Paul.

On aura compris que l'entêtement de la caméra, accrochée au sort de Jésus pour la deuxième fois dans la même année (1978), distillait un suspense sans répit, ni soupir, même si le dénouement acquittait le héros, et pérennisait l'ardeur des bûchers. Forme et fond tentent, ici, d'être, une fois encore, indistincts et non pas, seulement, jumelés.

Nulle exégèse stylistique n'encombra les gazettes après la diffusion du *Grand inquisiteur* et Xavier Larère, lui-même, resta coi (j'appris par la bande qu'il avait été déçu, mais ne sus pas par quoi). Le Guiness Book, celui des records, ne se manifesta pas davantage.

Je rétablis, ici, une vérité, écornée par mon affirmation : "C'était mon premier long métrage de fiction", parlant, plus haut, de *Mamma Rosa*. L'année précédente (1974), j'avais tourné *La croisée*, sur un scénario d'André Stil, d'une durée de cinquante-deux minutes, il est vrai, qui n'est alors qu'un moyen métrage. Brigitte Fossey y jouait une infirmière de nuit quand son époux, Gérard Guégan, était professeur de collège de jour (l'on perçoit le dilemme). J'ajoutai quelques personnages secondaires de mon goût dans l'entourage du couple et quelque fantaisie dans des fragments de séquences supplémentaires, avec dialogues imprévus par le scénario. André Stil acquiesça élégamment.

Je ne surprendrai pas le lecteur en lui avouant que je respectai rigoureusement mon style de filmer, aiguisé à chaque occasion offerte, comme l'était celle-ci, à Lille et à FR3. Je dis style puisqu'il s'agit d'une manière particulière de narration par l'image sonore animée dont mes acteurs, et Brigitte notamment, s'accommodaient sans hésitation. Par exemple, je découvre, au moment de tourner une scène, que Bernard Laïk, partenaire de Brigitte, sait marcher sur les mains. J'improvise une situation où il lui raconte l'histoire, réelle, de J.-L. Godard qui convainquit Brigitte (Bardot) de jouer de telle manière s'il parcourait une certaine distance sur les mains, ce qu'il fit et Bernard aussi qui, dans notre scénario, voulait séduire l'autre Brigitte. Quelque musique, au détour d'un plan tranquille, venait parfois frémir (Eddy Mitchell, version Chaussettes Noires et leur "Tutti Frutti"), dans la clinique pâle et son silence nocturne, histoire de pimenter le genre "dramatique FR3".

André Stil ne se découragea pas et me proposa quatre ans plus tard (1978) de réaliser quatre nouvelles originales de 26 minutes ayant pour héros quatre vieillards vivant non loin de Condé-sur-Escaut, dans le canton natal de l'auteur (Roger Blin me fit l'honneur d'être l'un deux). Mon assistant, Christian Alba, m'incita à demander un bras de grue "Jonathan" que l'on monte sur un pied d'"Elemack" et celui-ci sur des rails, ce que je fis et bien m'en prit, puisque sur le verglas de janvier où je tournai, en décors naturels, les deux premiers numéros et, au mois d'avril, où je repris le tournage pour réaliser les deux autres, la caméra ne quitta pratiquement pas son logement en bout de flèche.

J'avais, jusque-là, rarement utilisé des rails de travelling, hors à Villandraut, en direct ce fameux 15 août 76. Ils incitent, évidemment, au voyage horizontal, lequel devient, par sa conjugaison au mouvement vertical de la grue, une façon d'appréhender l'espace et ses protagonistes, aussi différente que peut l'être la danse de la marche à pied, dans l'ordre de la pesanteur.

Deux plans me restent en mémoire. Le premier racontait le curetage d'une mare par quelques amis du père Gobert venus lui donner un coup de main, ce dimanche, et qui pataugeaient, chaussés de cuissardes, exhumant de la vase tout un lot d'obus enfouis depuis la première guerre mondiale. La prise de vues durait cinq minutes, sans interruption, il va de soi, promenant la caméra le long de la mare, objectif fixe s'élevant ou s'abaissant selon le motif découvert, au premier plan ou au lointain, à deux reprises, ménageant des pauses (des soupirs) à l'occasion (la perspective de la chaîne des porteurs d'obus ou la brouette qu'ils remplissaient), le tout scandé par un air de bandonéon, à trois temps vifs, de Michel Portal, harmonisant la mélodie dynamique de la chorégraphie des travailleurs et de son contre-chant : le filmage mobile.

Le second plan de ce même *Petit soir* accueillait la visite d'une paire de personnages venant acquérir le butin de munitions. Les mêmes rails déployés supportaient la grue "Jonathan" qui accompagnait les visiteurs et leur hôte, de conserve, jusqu'à l'intérieur de sa bicoque ; le travelling était mis en pièces par des panoramiques "filés" - prompts et violents - récupérant dans le hors-champ tel personnage qui l'avait quitté un instant plus tôt, en escamotant un autre qui réapparaîtrait plus tard par ses propres moyens.

C'était un mode de découpage en continuité de temps et d'espace, mais littéralement déchiré, sertissant l'étrangeté du comportement des deux visiteurs inattendus (Marcel Bozonnet, Frédéric Santaya, reçus par Michel Robin).

Disons que dans *Les petits soirs* j'eus l'impression, pour quelques plans tout au moins, d'inviter le poème (son ombre) à traverser le champ, et je maniai des figures (de style) que je n'inventoriai pas sur le moment mais dont je me propose de retrouver les traits, prochainement, pour apprendre à les nommer et réfléchir au sens produit par leur forme même.

CHAPITRE 15

Où mon exil *culturaire* me vaut de rencontrer Don Quichotte, Sancho Pança, aussi Anna Prucnal

Parcourant les chapitres précédents, je m'aperçois que je ne parle pas de mes collègues réalisateurs, croisés, ici ou là, aux Buttes-Chaumont ou à Cognacq-Jay, chez Yvette, rue des Alouettes ou au tabac Laffont, avenue Rapp.

Nous nous connaissions pratiquement, de près parfois, de loin souvent. De l'automne 1964 à l'été 78, je fus des élus que les adhérents du syndicat français des réalisateurs de télévision C.G.T. (S.F.R.T.) choisirent pour constituer son conseil syndical. C'était le temps où l'influence du syndicat était incontestée et sans concurrents notables. L'on me confia la présidence des assemblées générales où se décidèrent des actions pour la défense de nos droits - de techniciens et d'auteurs - aussi bien reconnaissais-je chacun à qui je donnais la parole (telle était aussi ma tâche pour l'intersyndicale des 12 000 salariés de l'O.R.T.F. en 1968, à la maison de Radio France).

En 1965, le nouveau directeur de la télévision, Claude Contamine, venu du cabinet d'Alain Peyrefitte, eut pour mission la mise au pas des réalisateurs - de leur "Bastille" disait-il - considérés comme illégitimement maîtres d'œuvres du programme. Une grève, dure, échoua. Ce fut l'entrée des producteurs, qui ne produisaient pas grand chose, mais cornaquaient les susnommés comme devant.

Il fallut dix ans pour dynamiter l'O.R.T.F et déboucher sur l'état des lieux que les lois du capitalisme étalent aujourd'hui, hertziennement, sur nos téléviseurs.

Je fus élu quatorze années de suite et cessa, volontairement, de l'être en 1978 quand j'émigrai à la Maison de la Culture de Nanterre. A ce moment-là, de la quatorzaine de militants qui constituaient notre Conseil, un tiers d'entre eux prirent prétexte de l'appel que lança Georges Séguy, notre secrétaire général en faveur "du candidat de gauche le mieux placé", dans une élection nationale, pour quitter la C.G.T. et rejoindre la C.F.D.T. Il faut rappeler que nous étions à l'époque où le Programme commun capotait.

Les "sociaux-démocrates" se séparèrent des "cocos" et commença l'affaiblissement de notre syndicat ; puis ce fut, plus tard, la mise en cause de notre Convention collective, qui protégeait l'exercice de notre métier et le triomphe de la jungle que l'on connaît, quand François Mitterrand déroulera un tapis, l'on ose à peine le dire rouge, au (capital) privé : Canal +, la 5 de Silvio Berlusconi, M6 qui suivra. Je suis aujourd'hui encore, et quoique retraité depuis 1991, toujours membre du Syndicat Français des Réalisateurs (C.G.T. ex S.F.R.T.).

De 1964 à 1979, j'avais réalisé en quinze ans donc, 2 à 300 heures de programmes. A mon retour sur le "marché", en 1981 et jusqu'en 1993, j'en filmai 20 heures. (Un gouvernement socialo-communiste veillera alors sur le service public).

Les trois années que je passai à la direction de la Maison de la Culture à Nanterre (Hauts-de-Seine) me fournirent, de manière inattendue, l'occasion de réfléchir, plus avant, sur la Télévision. Après de longs débats avec l'équipe, hors trois animateurs complices, je dus renoncer à la création d'un atelier vidéographique que je souhaitais mettre en œuvre dans les quartiers les plus éloignés de nous, dans tous les sens du mot, pour y enquêter sur l'état des lieux, en sollicitant la parole libre des habitants. Je fus taxé de "socio-culturel", ce qui était déchoir au regard de la distinction attachée à la "création", pour tout professionnel de l'action culturelle qui pense en être grandi par capillarité. Je fis néanmoins irruption avec une caméra et un micro dans la “Maison de Nanterre”, à la fois hôpital, hospice, centre d’hébergement où vivent près de cinq mille personnes. J’y entrai en compagnie de Don Quichotte (Philippe Clévenot) et Sancho Pança (Roland Blanche) qui devinrent les confidents familiers des hôtes de la maison et notamment de ses deux pensionnaires Michel Fourny et Louis Lemaire, qui s’imposèrent magistralement dans le champ, pour y raconter leurs vies. Leur rencontre, quelques jours durant, et leurs récits constituèrent le scénario (le motif) improvisé de mon film, dont je réglai la mise en scène dans l’instant et l’espace, plus ou moins aléatoirement élus, à chaque occasion.

“Nous sommes à la fois et Quichotte et Sancho”, affirmait le poète Jean Marcenac, et nous lui donnâmes raison, devant la caméra et alentour.

L’histoire de nos deux protagonistes, qui s’étaient connus à l’occasion du tournage, et qui marquèrent leur exception en se rasant tous deux le crâne, était en résonance avec la “folie” du Chevalier à la Triste Figure (étape psychiatrique antérieure de l’un) comme avec la trivialité de Sancho (les impedimenta concrets de leurs parcours). Quant à moi, armé des convictions que Marthe Robert, l’essayiste, avait affermies (Quichotte n’est pas chevalier, il joue au chevalier), je promenais mes personnages romanesques parmi les occupants du lieu, semblables à tous, comme oubliés de l’intendance vestimentaire qui fait, de chacun, ici, un blanc, un bleu ou un marron, de l’utile au paria. Attentifs à chacun de ceux qui s’expriment, ils sont filmés en longs plans fixes parfois clos par un travelling accompagnant leurs pas sur les traces de leurs frères d’infortune. La parole animait le cadre immobile, le mouvement faisait le lit du silence.

Quinze jours après la fin du tournage, les deux pensionnaires quittèrent la Maison de Nanterre pour rejoindre la Chalosse qui borde l’Adour, dans les Landes, et qui était le nom de leur Toboso.

Je ne peux pas affirmer que don Quichotte les avait poétiquement contaminés, ni jurer qu’il n’en fut rien. “*Don*

Quichotte, à Nanterre" n'a été diffusé que sur l'antenne de Zalea TV en 2001 et 2003, à Paris.

PS (Octobre 2005) : J'évoque, ci-dessus, Marthe Robert, auteur d'un essai sur l'ouvrage de Cervantès, *L'Ancien et le Nouveau* (Grasset, 1963). Elle y écrit (p. 9 et 11) qu'il s'agit, pour Don Quichotte, "de mettre en pratique ce qu'il a lu dans les livres [...] car si les livres sont vrais [...] ils doivent le prouver en changeant la vie".

Cette citation me revint en mémoire quand des amis m'interrogèrent récemment à propos de l'éventuelle influence des aventures du Chevalier de la triste figure sur mes "heures ouvrables" considérées, inconsidérement, comme quichottesques, en somme.

A la réflexion et en toute immodestie, je relevai que s'il y avait eu, d'aventure, cousinage en nos démarches, elles auraient été proprement inversées : Don Quichotte somme la réalité de ressembler et d'obéir à la fiction chevaleresque d'où il surgit, quand, venu de la vie courante, j'exige de la télévision qu'elle renonce aux "enchantements" pour devenir l'instrument de la transformation radicale du monde. Néanmoins, quand, plus loin, Marthe Robert ajoute "[Don Quichotte] est promis à une continuelle défaite mais ne se décourage pas car il n'espère rien sachant fort bien que son projet est aussi irréalisable que nécessaire", je n'hésite pas à reconnaître, là, une manière de communauté de destin du Chevalier des Lions et du fauteur d'images "anarcho(co)gascon" que je fus, suis et demeure (l'adjectif est de Bernard Lubat).

Chants et conversation d'Anna avec Raoul disait bien ce qu'il voulait exprimer. Il y avait six ou sept chansons par Anna Prucnal, dans ce vidéogramme d'une heure et quart tourné à Nanterre, et aussi une conversation, en autant d'épisodes, où je me mettais en scène, ès qualités, pour la première fois, en cet avril 1980.

A chacun de juger l'interprète qui chanta réellement, avec piano ou bandes orchestrales, en extérieur, dans une froidure printanière d'exception, mais pour ce qui concerne la personne, la citoyenne, je tire mon béret pour saluer ses convictions et l'originalité de son humeur qui fouetta la mienne, gasconne comme jamais, pour étriller de concert et de conserve, comme dit plus avant, quelques idées reçues et la Télévision, dont je brocardai (en plan général) le goût immodéré du gros plan.

Nous improvisâmes au vif, avec Anna, d'un bout à l'autre de l'échange, quatre jours durant, et nul repentir n'intervint au montage. Un ton insolent courait presque sans cesse, du début à la fin de chaque plan séquentiel (il va, ici, de *soie*).

Je tournai entre autres un plan d'une heure où la caméra opérait une révolution sur son axe, 360° de l'espace découvert, avec la même focale, champ mobile que nous occupions avec Anna, pour le quitter ensuite, et réapparaître ailleurs, sans cesser de converser, interpellant l'opérateur, toisant la caméra, gardant ainsi nos distances avec “l'oscura” iconophage. L'intégralité du plan ne fut pas retenue ; j'évidai une moitié de l'action en préservant sa chronologie.

Nous agissions comme si nous n'avions eu qu'une chance unique de nous exprimer, dans l'urgence, sans regrets, sous l'irrépressible contrainte du temps auquel nul trébuchement n'échappa. Là est, à mon sens, l'intérêt du plan continu incluant le défi dont il est l'hôte sans complaisance. Nul masque, ni paravent, rien dans les mains, tout dans l'ébauche, renouvelée jusqu'au terme du plan.

Je dus cette réalisation à Jacques Chancel, alors en charge des programmes à Antenne 2. Après avoir vu le film, il conclut que cela tenait d'avantage de l'autoportrait - le mien - que de l'hommage à mon invitée. Il me moquait, d'évidence, et avait, j'en conviens, qualité pour estimer en matière de m'as-tu-vu.

Je demeure persuadé que *l'en direct* est la marque fondatrice de la télévision sur le plan esthétique, comme l'est, sur le plan politique, le téléviseur à domicile. Aussi bien, l'exercice de *Chants et conversations d'Anna avec Raoul* était-il un hommage à cette nouvelle langue d'Esope dont le pire est, hélas, fermement assuré ; nous en hélâmes le meilleur, qui nous rendit, de loin, notre salut. A chaque jour suffit son penne, qui est, de l'antenne, l'extrémité.

CHAPITRE 16

Où l'arrivée d'un nouveau président favorise, pour un temps l'information de proximité

Je renouai avec la production télévisuelle, en septembre 1981. Sollicité par Jean-Pierre Guérin, rédacteur en chef d'Antenne 2 Midi, rencontré à la table de Patrick Poivre d'Arvor, j'inventai *Le journal d'en France,* "le journal qui se mêle de *ceux* qui le regardent", nouvel œuf de Colomb et sanglade à la fois. Je proposai de réaliser le journal de 13 heures en direct (je dis "au vif"), un samedi et un dimanche par mois, dans des villages, des quartiers de ville, dont j'aurais mobilisé les habitants et sollicité leur qualité de citoyen pour être les acteurs de l'information du jour, les commentateurs des nouvelles (la vie du monde mise, parfois, en images) en compagnie de trois ou quatre journalistes de la rédaction ; voilà pour l'œuf de Colomb ; pour la sanglade (*peu usitée*, rappelons-le), les onze éditions en témoignent, qui constituèrent, en tout et pour tout, son histoire. *Le journal d'en France*, en effet, fut interrompu en février 1982 sur intervention d'un sénateur socialiste et corse, Bastien Leccia, auprès du nouveau président d'Antenne 2, Pierre Desgraupes (lequel ne me reçut même pas pour m'entendre ; sa réputation en fut écornée à mes yeux). L'élu n'avait pas apprécié le ton des deux éditions filmées à Corte, aux premiers jours de février 1982, où des Corses anonymes avaient pu exprimer leurs opinions, aussi sur leurs élus, librement, et pour la première fois à la télévision publique française depuis son invention. Sic transit gloria.

Le dispositif que je déployais était constitué d'un comptoir de madriers, emprunté à un maçon local, reposant sur des chevalets d'échafaudage, dressé en plein air, recouvert de journaux, et auquel s'appuyaient les volontaires, debout, tournés vers le journaliste qui en occupait l'extrémité.

Ainsi la caméra les filmait-elle de face avec l'amorce du journaliste (*amorce* au double sens, d'abord *photographique*, en occupant une part du premier plan de l'image, mais plutôt de dos, et *pyrotechnique*, pour "enflammer la charge" des convictions de nos acteurs de la réalité ; le premier sens du mot n'est pas celui que retiennent ni apprécient, bon nombre d'entre les journalistes audiovisuels).

Hommage, donc, à la quinzaine d'entre eux qui m'accompagnèrent dans l'aventure, prévoyant que leur métier pouvait s'enrichir de la culture de leurs hôtes, quand le risque les menace de n'être que des ramasseurs de balles idéologiques, ou, pire, des praticiens syntaxiques succincts, utilisant couramment "un sujet, un verbe et un compliment". (J'ai toujours cru avoir inventé cet aphorisme avant de le lire récemment, cité dans un "portrait" de Pierre Bouteiller, auquel il était attribué, in *Libération*. Nous tournâmes ensemble dans la décennie 70 du siècle dernier, et la capillarité pourrait expliquer le va-et-vient des jeux de mots. Ne prêtant qu'au riche, n'emprunte-t-on qu'au seul pauvre ? Je pense à un "Il n'y a pas qu'chez les pauvres qu'il y a de la misère", citation rapportée par moi d'un crieur de journaux, à Anglet, ma ville natale, et que Pierre distillait à l'antenne régulièrement dans un magazine quotidien de l'époque, sur France-Inter).

Sur le "plateau" du *Journal d'en France* donc, un téléscripteur A.F.P., branché sur place, la presse du jour, et même hebdomadaire, servaient de matériaux d'information que sélectionnaient les rédacteurs professionnels et amateurs, se partageant les rubriques, de l'international au local. A Cognacq-Jay, réunis dans l'un des bureaux de la rédaction, lieu de travail jamais montré par ailleurs, des journalistes répondaient aux questions des citoyens réunis en plein air.

La différence entre les deux catégories d'interlocuteurs, l'impartialité supposée des uns et les partis pris avoués des autres, mettaient les "nouvelles" en perspective de manière originalement démocratique en ces temps de changements politiques annoncés de la rentrée 1981 (cf. P. Mauroy et sa “nouvelle citoyenneté”), mais cela n’influa pas sur la décision d’arrêter *Le journal d’en France*. Le professionnalisme reprit ses droits et les linotypistes hertziens en main leurs chapelets de photomatons de guichetiers idéologiques fieffés, fixant, comme depuis toujours et à jamais, les Français dans les yeux, depuis leur niche sise en chaque maison, à tel point qu’en les voyant derechef chaque jour, on peut avoir l’impression d’avoir oublié d’éteindre son poste la veille (bis repetita placent).

Il est utile de préciser ici, que le *Journal d’en France* partage avec *Les gens d’ici* l’honneur d’avoir innové, en télévision, après la fracture politique du printemps de 1981.

Les gens d’ici est une initiative de Pierre Desgraupes - à César ce qui lui revient - qui confia à Philippe Alfonsi et Patrick Pesnot en collaboration avec Antoine Gallien et Alexandre Tarta la production de films de treize minutes destinés à précéder le journal télévisé d’Antenne 2. Ils sillonnèrent la France et la Navarre à la rencontre d’anonymes remarquables avec qui ils engagèrent la conversation.

La série, quotidienne, dura sept ou huit mois et cessa dommageablement, quel qu’en fut le motif, car se priver de ce qui devrait être le terreau d’une télévision véritable est un renoncement indigne.

A la fin des années 70, une émission de France Inter, *Le tribunal des flagrants délires*, enchantait son monde, et joliment. Son producteur, Claude Villers, le présidait, Pierre Desproges et Luis Rego, jouant, qui l’avocat, qui le procureur, l’accusé étant une personnalité du spectacle, de l’édition etc.

J’avais connu Claude Villers, ces années-là, sur la grande scène de la Fête de l’Humanité à la Courneuve. J’y étais en charge de sa direction de scène et nous avions, avec André Thomazo, imaginé de faire présenter les spectacles par Claude, donc, et José Artur, son complice radio.

En 1981, Claude me demanda de réaliser le prototype de son émission pour la télévision. Ce que je fis, un soir de mars, au studio 102 de la maison de Radio France.

Je dois dire que ce fut, à mes yeux, l'un des naufrages qui m'ont agacé l'humeur longtemps.

Le dispositif en U abritait la présidence dans son axe, l'avocat et son client à cour, le procureur à jardin, le centre étant occupé par la barre des témoins. Décrire en champ contrechamp l'affrontement des protagonistes s'avéra laborieux, ce qui est, convenons-en, le mode le plus haïssable pour toute activité en général et son filmer en particulier. Si l'immodestie mérite châtiment, à l'occasion, je reçus là pour ma part, une juste avoinée. Dont acte.

Claude Villers ne me tînt pas rigueur et me proposa de réaliser *Ciné Parade*, une émission mensuelle, on l'aura compris, qui avait le cinéma pour objet. J'allais être chargé de la réalisation, en direct, de la soirée concernée, donnant, par ailleurs, mon avis sur le choix des sujets "magazines" proposés et filmés par des professionnels, concernant, bien sûr, les activités diverses qu'un film met en œuvre pour le devenir.

Le conducteur de l'émission distillait les séquences préfilmées avec pour rampe de lancement un "plateau" dressé dans la maison des frères Lumière, à Lyon. Les interlocuteurs de Claude Villers étaient Jean-Jacques Annaud, Michel Drach, Milos Forman et Bertrand Tavernier. Je disposais les cinq protagonistes en carré : Villers face à Drach et Annaud (sur canapé), Tavernier face à Forman, sur fauteuils, de part et d'autre de l'animateur.

Le ring était surélevé de cinquante centimètres et permettait aux trois caméras, sur pieds boules, des contre plongées que sculptait la lumière de Roger Dormoy révélant exclusivement les "faces", les dos en contre-jour, tenus dans l'ombre. Je favorisais la durée de chaque plan et les panoramiques liant tel à tel autre, parlant ou pas. L'affaire me convint, esthétiquement.

Serge Moati, ci-devant directeur général de France 3 avait fait le voyage à Lyon (Claude Villers était, aussi, son camarade socialiste). Au buffet, où se restauraient équipe et invités, après l'émission, je buvais un verre avec mon très cher Roger, maître de lumière. J'entendis Serge Moati, proche de là, qui martelait à

Claude Villers : “Tu aurais dû prendre un réalisateur à Lyon !” (il ne m’avait, alors, bien sûr, adressé aucune remarque).

Je n’étais pas censé avoir entendu le conseil et l’on en resta là. Ou plutôt, non. Le surlendemain, de retour à Paris, Serge Moati m’apprit que les prochains *Ciné Parade* se feraient sans moi. Le bougre, réalisateur lui-même, syndicaliste à l’occasion, fut par ailleurs dit-on, l’instigateur de la suppression du poste de réalisateur affecté aux journaux télévisés dans les régions FR3. Un vrai camarade, en effet, mais pas de tout un chacun.

Après l’arrêt du *Journal d’en France*, je demeurai à proximité de l’Information, avec la complicité amicale de Claude Ruben, journaliste, rédacteur en chef adjoint d’A2 Midi, jusqu'à la fin de 1982, et vécus deux expériences fertiles.

L’une fut la découverte d’Armand Gatti, poète majeur du siècle, à qui Claude confia la rédaction en chef d’un supplément au journal de 13 heures, une semaine durant, au mois d’août. Je ne citerai pas, ici, tous les thèmes proposés par Armand, documents personnels filmés, commentaires et dialogues quotidiens avec les deux présentateurs, Daniel Leconte et Christian-Marie Monnot et m’en tiendrai à l’essentiel de ce parcours semé de doute, à propos de la forme du filmer, sans cesse questionnée.

Le Studio 2, à Cognacq-Jay, m’était familier et je ne m’en cachais pas (non plus, bien sûr, que je ne le dérobais lui-même à la vue de tous). A la fin du journal proprement dit où je filmais les deux animateurs en champs-contrechamps rigoureux, la caméra précédait les deux jeunes gens quittant leurs sièges pour venir à la rencontre d’Armand Gatti qu’elle découvrait de dos, envahissant le cadre, noir de pied en cap, dru comme un poème, formant le troisième sommet d’un triangle d’où jaillissait, alors, l’échange. J’avais suspendu, au-dessus d’eux, un moniteur diffusant les images préalablement montées, extérieures au studio donc, que la caméra cadrait par panoramique vertical pour revenir sur les visages à la fin de la séquence projetée. Au terme du supplément, la caméra raccompagnait Gatti jusqu'à la porte du studio et le regardait disparaître, sans ciller, au plus lointain du couloir.

La deuxième expérience, chronologiquement antérieure (décembre 81) se déroula dans un village du Nord de la France, habité exclusivement par les descendants d'immigrés polonais, mineurs de père en fils, à l'occasion de la prise du pouvoir du général Jaruzelski, à Varsovie. La raison évidente de notre transport sur place était d'entendre l'opinion des villageois sur l'événement touchant leur parentèle en Pologne. La salle paroissiale fut notre lieu d'accueil, pour la première édition dont je ne fus pas satisfait ; affaire de mise en scène ; aussi, le lendemain, décidai-je d'investir, à proximité, une place pelée, bordée de platanes courts et nus, encombrée de plaques neigeuses, grisées de poussière. J'eus l'idée de dresser deux fûts métalliques sans couvercles (le curé du lieu m'aida à les trouver, à les transporter), à une distance de quinze mètres et d'y faire du feu auquel les participants se réchaufferaient, pour moitié près de l'un, pour moitié près de l'autre. Le dialogue commença simultanément dans les deux groupes, animé par deux journalistes qui, bientôt, les entraînèrent, hors des foyers. La caméra portée et la perche suivaient l'un de ces deux groupes, en travelling latéral, et l'abandonnait au croisement de l'autre qu'elle accompagnait alors, à rebours, recueillant ses propos sur le même thème : le coup d'état polonais, enchaînant les deux sons et provoquant ainsi une continuité de récit aléatoire qui s'avéra homogène, en forme de cadavre exquis. C'était un nouveau mode formel d'intervention du hasard sonore, sollicité pour favoriser l'aiguisement de l'écoute, qui n'est jamais aussi attentive que dans une situation de frustration, ici loyalement exposée.

J'avais improvisé une figure de style proche pour *L'invité du Dimanche* qu'était Pierre Schaeffer, douze ans plus tôt. Il s'entretenait avec son assistant dans un coin du studio, alors que trois de ses amis, et sa fille Marie-Claire, parlaient de lui, à proximité. La caméra, sur grue, allait et venait des uns aux autres. Eus-je tout à coup, le "duende" ? Je demandais à Pierre Chaponnais, mon ingénieur du son, ce jour-là, de mixer les deux conversations synchroniques mais en inversant les sources : l'on entendait les propos de l'invité mais voyait ses amis et vice-versa. La cohérence du discours était au rendez-vous de ma provocation. Je n'ai jamais donné de nom à cette figure de style (le terme, générique, de *sanglade* dont le lecteur connaît maintenant le sens, fera l'affaire).

CHAPITRE 17

Où l'arrivée d'un nouveau pouvoir me vaut une tenace intermittence

Dans *Le Monde* daté du vendredi 14 mai 1982 parut un "point de vue", le mien, à l'occasion de la discussion, à l'Assemblée Nationale, d'un nouveau projet de loi sur l'audiovisuel, présenté par Georges Fillioud, Ministre de la Communication.

Pour hâter l'avenir du printemps

Le projet de loi sur l'audiovisuel définit ainsi la télévision : "La communication audiovisuelle est la mise à disposition du public, par voie hertzienne ou par câbles, d'écrits, de sons, d'images, de documents ou messages de toute nature."

Il faut souhaiter que par "messages de toute nature" le projet entende aussi l'expression des citoyens, car, si la démocratisation du service public actuel est indispensable à son avenir, comme le sont, aussi, les moyens d'une politique de réalisations libres et nouvelles, rien ne changera vraiment si la télévision ne devient pas le territoire de la parole anonyme. Peut-on, en effet, imaginer que l'invention d'un tel moyen de communication ne serve qu'à la diffusion de spectacles de nature cinématographique - actualités, documentaires, variétés et fiction - même quand ils sont produits par les sociétés nationales de programmes ?

Oui, on peut l'imaginer si l'on veut faire tenir à la télévision, pour le compte de l'Ordre, le rôle de l'enzyme apparu, par hasard, chez le doryphore, bien après l'invention du D.D.T., et qui en neutralisa l'effet mortel. Ainsi les récepteurs essaimés par millions dans la décennie soixante au cœur des H.L.M. ont servi à tenir le couvercle de l'histoire joint et à maintenir caduque la lutte des classes.

Non, on ne peut pas l'imaginer si l'on veut faire de la télévision le révélateur des contradictions de la réalité, démontrées par ceux qui la vivent, pour servir à la changer.

Ainsi faisait, dans les années 30, Alexandre Medvedkine, cinéaste soviétique qui menait un atelier audiovisuel itinérant de villages en usines où grippaient les rapports sociaux et n'en repartait qu'après avoir filmé et projeté aux intéressés leur récit de l'affaire dont ils cherchaient alors, la solution.

Le gouvernement de l'U.R.S.S. a, depuis, abandonné cette méthode d'autogestion du quotidien politique ; aussi, comme il est notoire que nous ne prenons quiconque pour modèle, pourquoi ne pas promouvoir, dans la loi nouvelle, la mise en œuvre de dispositifs décentralisés, d'ateliers autonomes et nomades que les professionnels frictionneraient à la volonté d'expression de ceux à qui est promise une nouvelle citoyenneté ? Ils auraient, ensemble, la charge d'inventer une pratique démocratique de l'audiovisuel, qui est aujourd'hui un métier pour certains et deviendrait un droit pour tous.

Qui peut craindre la réflexion populaire qu'inciteraient de tels outils (réflexion entendue au double sens de "renvoyer l'image" et de "porter plus loin l'idée") ?

Le pouvoir politique que nous avons élu ? Je ne peux le croire. Les spécialistes du magistère électronique, squatters cathodiques, persuadés que l'onde hertzienne fut inventée pour être le portefaix de leurs photomatons ? Assurément, non, ils sont, pour nombre d'entre eux, les serviteurs de l'ordre et sous le cadre rectangle ne cachent que leur liteau. Les "usagers" alors, comme l'on dit, tenus dans l'amollissement ? Peut-être, mais alors l'Etat a pour devoir d'aider au renouveau civique des consciences et de donner à chacun les moyens d'expression de son identité dans l'histoire et de celle des autres, des différences à mesurer, à tolérer, pour aborder l'avenir solidairement.

Qui pourrait, à ce jour, prétendre, après plus de vingt ans de programmes quotidiens consommés, que la télédiffusion a influé, bénéfiquement, sur notre comportement individuel et collectif ?

La télédiffusion nous a-t-elle, les uns et les autres, aidés à nous envisager, comme dit le poète, et non plus seulement à nous dévisager ?

Non. Elle a réconforté les idées reçues, qu'elle doit avoir pour charge de débusquer. Elle nous a contraints au repliement solitaire, gagnés par le mutisme qui, insidieusement, nous détourne d'autrui.

Il est maintenant de toute première urgence d'organiser l'accès de tous à la télévision pour y être les passeurs du présent à plus tard et que les clichés n'impressionneront plus.

Pour hâter, dirait Jean Ristat.

Pour hâter l'avenir du printemps.

Inventer une histoire de 52 minutes, l'écrire, dialoguée (Michèle O'Glor), faire composer des chansons (Bernard Lubat) et les enregistrer, inventer les danses (Caroline Marcadié), tourner, monter, mixer, pour diffusion deux mois après la commande, tel était le cahier des charges imaginé par Jacques Krier et Alain Douailhy pour TF1. *Il pleut, il pleut rosière* fut réalisé dans le respect de ces conditions et ressemblait à une comédie musicale, allègre, il va de soi, ayant pour thème la xénophobie ordinaire, dont je situai l'action à Nanterre.

La comédie musicale est un genre que j'ai abordé à chaque occasion offerte, avec toujours beaucoup de plaisir (chanter est du goût des Basques, et danser de même). J'aimais bien ces deux modes d'expression dans la vie courante et ma rencontre fortuite avec les variétés, à mes débuts de réalisateur, favorisa l'entretien de mon penchant, par caméras interposées.

J'utilisai, pour *Rosière,* une louma, qui est un bras de grue supportant la caméra à son extrémité ; l'opérateur commande les mouvements du cadre, à distance. Je plaçai la louma sur une voiture-travelling pour filmer le premier plan du film qui déployait les danseurs dans les allées du parc départemental et ses pelouses en une chevauchée de quatre cents mètres en onze minutes de chorégraphie, s'achevant par une scène de comédie qui exposait la situation mélodramatique (un père récalcitrant devant les amours de sa fille et d'un ouvrier kabyle ; la xénophobie et le racisme, même, y grouillaient comme toujours et encore. Cette comédie revenait à la charge et tentait de mettre, au moins, les rieurs de notre côté).

Une fois encore l'on pouvait parler d'exploit technique, bien sûr, économique, même, puisque la voiture-travelling n'était louée qu'un jour, mais là ne s'arrêtait pas l'intérêt du plan. Il en avait un autre, interne au mode de filmer, qui avait à faire, ici encore, avec l'urgence et le vertige de rendre perceptible le caractère irrémédiable de l'union du temps et de l'espace que toute vie traverse, notre mort à l'affût ; lapalissade, à n'en pas douter, mais compagne de nos jours, non moins assurément. Je n'ai nulle compétence en philosophie et la question n'a sûrement pas cessé d'être fouaillée par maints spécialistes, je le suppose, mais, comme à chacun, la question se repose à moi chaque fois qu'une caméra m'échoit ; j'en tisonne alors les termes, d'où quelque désir jaillit et provoque l'emprunt de ce chemin buissonnier dont je demeure le pèlerin lucide et obstiné.

Denise Glaser est morte en cette année 1983. Un magazine (Arts ?) me demanda de commenter sa disparition.

"Denise était nature et ne le cachait pas, s'habillant à la ville comme dans le studio, puisque l'une est à l'autre pareille. Nous en fîmes ensemble la découverte. La télévision n'est pas le cinématographe, ce territoire des métaphores, elle est celui des acteurs de la vie, plus simplement.

C'était en 1964. Discorama *avait débuté cinq ou six ans plutôt. J'avais découvert l'émission en assistant un maître de l'école des Buttes-Chaumont condescendu à Cognac-Jay pour en ordonner la mise en scène que Jean Desailly agrémentait.*

Darras et Noiret succédèrent quelques années, puis Denise descendit sur le plateau, comme ferait un anonyme prié de s'exprimer par exception. Elle y demeura vingt ans et devint ainsi une anonyme célèbre - c'est-à-dire identifiable - mais toujours étonnante comme ne peut l'être qu'une inconnue qui parlerait par conviction et, quand elle ne saurait pas, elle demanderait, comme on le recommande dans les familles populaires. Cette pratique lui a donné, à l'occasion, plus d'attrait qu'à tels de ses interlocuteurs, des chantants dont beaucoup ne croyaient avoir à dire plus que n'en tient un microsillon, ce qui n'est pas rien au demeurant. Denise les révélait pour ce qu'ils étaient aussi : des citoyens, comme chacun et comme elle, porteurs de croyances communes et d'effrois, traversés d'éclats surprenants.

La télévision était bien ce lieu de la vie où la socialité bat la mesure. Elle parlait en regardant son hôte, déférence dont la pratique se perd dans les studios (voir l'impudence rouée des voyeurs iconiques). Je filmais la rencontre en renonçant à toute distinction convenue de mise en scène. Le studio 4 devint le territoire de nos rencontres fastes du mercredi. Je le montrais à cru, tout hérissé d'échelles, de projecteurs sur pied, de caméras, d'outils pour ainsi dire que l'on cachait partout ailleurs. Le plateau redevenait ce lieu que le travail ordonne. Nous inventions les pièges de lumière (André Diot) et du cadrage (cohorte de mes cadreurs fervents et familiers dont les noms circulaient pour l'embauche à venir sur les plateaux voisins). Qui écoutait nous importait autant que les parleurs. Les silences vivaient dedans l'échange. Je ne savais jamais ce que dirait Denise et ce que l'instant révèlerait. Elle ignorait de même le tableau de nos chasses avant la projection. Nous allions l'un l'autre, à notre pas, vers l'estuaire dominical où se jetaient nos signes. Nous les savions mêlés aux bruits de ces repas que partageaient, à l'heure, les familles du temps... Les artistes de Music-hall redevenaient des gens comme nous (ils y avaient quelque mérite). La socialité, vous dis-je. Si, si c'est l'affaire de la télévision. (Le spectacle, c'est en plus). Les sociétés de programmes ne partagèrent pas ce point de vue.

Elles ont rejeté Denise dès leur création en 1975. Elle est devenue chômeuse. Anonyme, j'y reviens. Nous sommes quelques-uns à avoir cru, comme elle, à la télévision de service public, de grande famille. Les parâtres n'ont pas tardé.

Il y a quelques mois j'embrassais Denise pour la dernière fois. Elle m'avait appelé pour reprendre la route (une certaine promesse d'émission). Elle était comme toujours nature, sans illusion, ni amertume ou nostalgie, au terme de cet exil professionnel que nous espérions réel. L'exil ne cessa pas. Elle confiait à un ami ces temps derniers la visite qu'elle avait rendue au président de la République. "As-tu au moins parlé de ta situation ?" lui demanda-t-il. "Non, il a bien assez de soucis comme ça". Denise était nature et ne le cachait pas.

Le service des variétés de TF1 me proposa, à la rentrée de 1983, *Le château magique* dont Dominique Webb, le "magicien", assurait la production et l'animation comme le titre permet de le supposer. Cet authentique château (qui était le sien) avec douves praticable, recevait donc quelques numéros de music-hall et, où, comédiens, danseurs et chanteurs furent cernés, par des tours de magie du maître de céans. La règle des trois unités y fut à nouveau ma compagne. Je citerai le plan final pour en convaincre le lecteur. Je plaçai ma caméra sur chariot et celui-ci sur vingt-cinq mètres de rails de travelling. J'organisai une farandole des personnages de la distribution, au grand complet, une vingtaine environ, costumés XVIIIème siècle, que guidait du Mozart dans la brume artificielle où volait un piano blanc. De petits groupes flânaient de part et d'autre de la voie ferrée empruntée par l'objectif, qu'ils frôlaient, pour être cadrés en contre-plongée, évitant, ainsi, en enjambant les rails, de les découvrir (comme à Villandraut, souvenez-vous). Arrivée en bout de course, la caméra panoramiquait pour révéler, à rebours, en se retournant (180°), l'autre moitié de l'espace, le contrechamp de ce qu'elle avait montré à l'aller. Le rapport était concertant du mouvement circulaire de l'appareil, dynamisé par celui des acteurs descendant ou remontant son cours comme celui de la musique. Il naissait de l'échange des images et des sons une sensation d'harmonie, produite par le rythme interne au plan, et musicale, par la cadence de la partition. Le sens émanait des formes, plus que du motif, simple comme le dessin de sa mobilité.

Dans les mois qui suivirent, j'eus l'occasion de renouer deux fois avec les variétés pour deux numéros d'une série de France 3 : *Macadam*, titre dont je ne pus jamais percer le mystère bitumé (propriété de Pascal Danel, son producteur).

Le plateau du premier numéro était le sommet d'un col ardéchois où campait un cirque familial, imposé par le "scénario" que je découvris sur place. Je bousculai le mode de tournage avec mon principe d'un plan par scène prévu (comédie, chanson, musique). J'y travaillai particulièrement la mise en espace des instrumentistes, placés de telle sorte que leurs interventions, dans la partition, soient isolables par l'objectif de la caméra (fixe) avec panoramiques successifs, à 360°, encore une fois, pour varier les angles. Les musiciens profitaient de leur sortie du champ pour prendre une nouvelle position, aux côtés de leurs compagnons de pupitre. Le final s'inspira de celui du *Château magique*, sur travelling, avec une précision qu'il n'avait pas eue, alors, dans les cadrages, ici très précis, puisqu'ils devaient mettre en scène tels musiciens jouant à tel instant telles notes, et glisser aux suivants qui poursuivaient la mélodie aussi synchroniquement que leurs collègues. Le découpage plan par plan, était ici continu, honorant l'unité espace-temps où tout commence et finissons.

L'Eneide d'après Virgile, adaptée par Denis Guénoun, fut filmée au Studio de FR3 Marseille, à la fin de 1983. Je montai à nouveau la caméra sur une louma, d'où elle ne descendit qu'après les quinze jours de tournage et l'enregistrement de treize épisodes de treize minutes, soit l'équivalent de deux longs métrages.

Je pris en compte la mise en scène théâtrale sur praticables, telle qu'elle était jouée depuis quelque temps déjà par la troupe des dix-huit jeunes gens énergiques, mais cinématographiquement novices. Ils eurent à intérioriser la partialité du champ de la caméra qui parfois venait à eux, eux à elle bien plus souvent.

La fluidité de chaque prise de vues, produite horizontalement par roulement du socle de la louma sur pneus, et verticalement par le jeu de son bras, renforçait la sensation de continuité, de fatalité, de l'exode du peuple de Troie (Jean-François Chevalier, à la manœuvre).

Deux épisodes furent tournés en un plan unique, où je déployai une variété d'angles, en plongées et contre-plongées du sol jusqu'à sept mètres, par delà les voiles du navire abordant l'ultime rivage de sa course. Ainsi, treize minutes durant, le regard se déplaçait aux limites de l'action, sans la perdre de vue, ni ciller, saisissant son dessin d'où son dessein surgit, puisqu'aussi bien la forme (mise en scène et filmer) exprime toujours le fond et son sens, quand réaliser veut bien dire rendre réel et que le risque est pris d'échapper à la perfection qui n'est pas de ce monde, comme l'on sait, mais que d'aucuns, néanmoins, revendiquent. Quant à moi, j'en appelle au hasard, à la fortune, ainsi que la vie m'apprit : personne n'est parfait et je suis du nombre.

Cinéma, cinémas... Claude Ventura dirigeait cette émission, produite avec Anne Andreu et Michel Boujut, journalistes, depuis l'arrivée de Pierre Desgraupes à la présidence d'Antenne 2. Il m'appela pour me proposer de réaliser une séquence - un sujet - sur Guy Marchand, lequel tournait en extérieurs un film de Diane Kurys.

J'ai gardé le souvenir du plan unique que j'y consacrai : à travers une porte entrouverte, l'on donnait à voir, obliquement, au lointain, le quai d'une gare de campagne où venait stopper un train des années 40. Au flanc d'un wagon, une caméra et quelques projecteurs étaient apparents (l'annonce de la prise et le clap sonores nous avaient avertis, préalablement). Guy Marchand courait au long du train, puis s'arrêtait et revenait sur ses pas, quittait notre champ de vision pour apparaître peu après au premier plan de ma caméra et commenter son travail. Interrompu par une nouvelle prise de la scène, il disparaissait, réitérait sa course et après un temps venait se cadrer à nouveau et reprenait son récit. Je ne pus mettre en place ce dispositif que deux fois, dans la quinzaine d'occasions que j'eus de tourner pour *Cinéma, cinémas* ; la seconde, ce fut aux studios d'Epinay avec Jean-Louis Trintignant qu'un assistant vint chercher trois fois pendant que nous le filmions et qui trois fois revint à vue s'asseoir en notre compagnie.

Ce dévoilement du caractère *réel* de notre travail de filmeurs documentés m'enchantait. Claude, lui, préférait le plumage rituel cinématographique : lumière, cadrage, lieux avaient une qualité qui tendait à participer de la fiction, celle maîtrisée par les grands maîtres du 7ème art. Il n'aimait pas "faire télé". Je m'essayai au genre, à quelques reprises, dans cette deuxième moitié des années 80 avec plus ou moins de réussite, et notamment, à l'occasion d'un tournage à propos de la sortie à Paris de *Police* de Maurice Pialat. Je fus frappé, au retour des vacances, en septembre, par l'étalage du titre du film, sur le flanc des autobus qui sillonnaient Paris, comme les instruments d'une rafle systématique de citoyens emmenés en des lieux improbables. Je filmai donc, par un jour de pluie, les voitures de la R.A.T.P. comme si la ville eût été en état de siège et ma caméra cachée. Les visages plus ou moins fatigués des passagers placides, renforçaient l'impression de coercition de l'opération qu'une musique, de Bernard Herrmann soutenait, efficacement. Chantal de Wismes monta le tout à sa manière qui lui valut de cosigner la séquence.

Au hasard des commandes je pus, ici ou là, faire plaisir à Claude Ventura dont la rigueur, le parti pris, me forcèrent à ouvrir l'œil plus souvent qu'à mon tour, ce qui n'est pas toujours suffisant, même si nécessaire.

CHAPITRE 18

Où la télévision de proximité est passée au crible de la pratique

C'est à Gennevilliers que Télé Cité 1re, à l'automne de 1983, s'implanta pour quelques mois d'agitation citoyenne, sous l'impulsion de Lucien Lanternier, maire, de Ghislaine Azémard, sociologue, Jean-Claude Quiniou, ingénieur-conseil, François Du Castel, sous-directeur du C.N.E.T. et de moi-même, en qualité de maître d'œuvre de cette préfiguration de télévision de proximité (celle qui se mêle de ceux qui la regardent). Le plan câble du gouvernement de Pierre Mauroy faisait florès, et nous nous engouffrâmes dans la brèche.

Quatre mois durant, avec Dominique Dreyer et Jacques Reboud, mes assistants, nous fûmes immergés dans la réalité municipale et la vie quotidienne des Gennevillois, quartier après quartier, avec l'aide des associations de la ville pour informer et mobiliser des volontaires, en vue de constituer des comités de rédaction destinés à devenir les acteurs de Télé Cité 1re. Semaine après semaine, nous réunissions les poignées de citoyens intéressés par l'aventure et à qui je faisais part de ma conviction : la seule façon de transformer la télévision - tout au moins de dépasser l'aliénation qu'elle provoque des "téléspectateurs" - était de faire d'eux ses praticiens, par son usage actif, par l'invention d'une autre manière d'interroger le monde, d'en être eux-mêmes les interlocuteurs. L'expérience personnelle favoriserait alors, leur dis-je, la transformation du caractère de la télévision, devenant instrument de socialité, en lieu et place de l'alambic du consensus, à domicile, qu'elle est devenue.

Notre volontarisme finit par convaincre quatre groupes dans quatre quartiers d'où nous émîmes quatre samedis et dimanches de février et mars 1984. Les émissions pouvaient atteindre les foyers des H.L.M. équipées d'une antenne collective dans la ville.

Pour faire bonne mesure, je tournai, en quatre jours, et moins de dix plans, cinquante-sept minutes de fiction, écrite avec Brigitte Rocchi. Les personnages de notre histoire, des Gennevillois, joués par Ewa Lewinson er Richard Leduc, rencontraient les vrais artisans de cette télévision locale, dialogue qui favorisait une indispensable pédagogie civique, car s'approprier activement la télévision n'était pas un penchant très répandu dans la conscience des citoyens, et, d'ailleurs ne l'est toujours pas aujourd'hui.

Le programme de *Télé Cité 1re* était constitué essentiellement par *Le journal d'en France, édition de...* (ici le nom du quartier), d'une durée de trente à soixante minutes, sur le principe du modèle A2 Midi de 1981-82, diffusé à la mi-journée, et d'un jeu que j'avais imaginé avec Jean-Charles Lagneau, dix ans plus tôt mais qui ne vit, nationalement, jamais le jour (on lui préféra la course au trésor que mena Philippe de Dieuleveut, production de Jacques Antoine, maître des jeux télévisés du temps). *L'en-jeu* était le nom du projet : deux équipes de trois Gennevillois parcouraient leur ville et sollicitaient l'aide de leurs compatriotes pour réussir les épreuves imposées. Nos "héros" de télévision avouaient leurs manques, et par solidarité, les "téléspectateurs" désertaient leurs postes pour leur porter secours ; peut-on rêver télévision plus idéale que celle dont le dispositif induit qu'on lui tourne le dos ?

Quoi qu'il en soit, le téléviseur de demain continuera, assurément, d'être le vecteur du flot visuel que nous subissons déjà, mais la *télévision*, qui est à inventer, devra être cet instrument de réelle communication dont les citoyens seront les acteurs, non pour y étaler leurs turpitudes comme dans telles productions récentes (et florissantes), mais pour y exercer leurs droits d'expression civique, dans les formes que les professionnels devront découvrir avec eux.

Avec la même équipe, nous traversâmes, l'année suivante (1986), cinq villes autour de l'étang de Berre, opération nommée *Canal 101*, avec le projet de doter ultérieurement quelques lieux publics d'un système autorisant, par fibres optiques, le retour du message vers le lieu d'émission (maisons des jeunes, dispensaires, associations). Notre tâche fut plus rude qu'à Gennevilliers où notre liberté d'expression avait été rigoureusement respectée par toutes les instances municipales, et même ministérielles.

L'intervention de tel secrétaire général de mairie entama mon humeur et, partant, écorna la grâce d'une de nos cinq émissions. Nous vérifiâmes, alors, que, pour démocrates affichés qu'ils soient, les pouvoirs n'apprécient pas nécessairement l'exercice de la libre parole (hors la leur). Sans accorder au spontanéisme les vertus d'une panacée, je demeure persuadé qu'il est le chemin obligé de ceux dont l'opinion n'est jamais sollicitée et que nous devons "envisager" quand tant d'autres ne les "dévisagent" même pas, pour reprendre le distinguo, déjà cité, de Jean Cocteau. Ce chemin est celui que la télévision doit favoriser pour servir la démocratie, en la faisant vivre par ses moyens propres. Telle est ma conviction.

Je pus la mettre en œuvre dans la deuxième expédition que la même harde (sanglesque, forcément) entreprit avec moi, en Guadeloupe, à la fin de cette même année 86. Le Ceriam (Azémard - Quiniou) en fut, là encore, l'infatigable vibrion dont l'endurance aboutit à la création de *Télévision Caraïbes,* avec l'aide du Conseil Régional de Guadeloupe et particulièrement celle de son président, alors nouvellement élu, Félix Proto, ami des poètes.

Je décidai d'inventer un feuilleton de quatorze fois treize minutes, prévoyant un épisode par jour, diffusion prévue pour couvrir Noël 1986 et le premier de l'An suivant. Je m'inspirai du *Don Quichotte*, qui devint Tisot (*petit sot*, en sympathie) flanqué de compère Pansa, son serviteur impertinent. Ses aventures traversaient l'île et des situations inspirées de réalités locales où pouvaient s'exercer, sans peine, ses talents de pourfendeur d'injustices. Les dialogues de Michel Doumenc et Richard Leduc furent traduits en créole par Gilbert Laumort (Tisot) et Max Séverin (Pansa), comédiens caribéens. Chaque épisode fut tourné en une journée de travail, en décors naturels et variés, en autant de plans qu'il y avait de scènes prévues. Ainsi, j'accordais l'esthétique à l'économie, pour cette production dont la modestie de moyens exigeait la plus grande rigueur gestionnaire, et notamment, une productivité hors pair. Nous ne faillîmes pas.

Il ne s'agissait pas à proprement parler d'innovation, puisque je tournais ainsi depuis une décennie sous la contrainte des conditions imposées que mon style "multiséquentiel" phagocyta, humeur gasconne aidant (et mes équipes, valeureuses).

Mon *Journal d'en France, édition de Guadeloupe* fut le corps de notre programme. Michel Reinette, journaliste à FR3, qui était des nôtres, leva des rédacteurs volontaires qui organisèrent, dans douze villes de l'île, autant de comités chargés de préparer l'édition locale en choisissant les sujets, rédigeant les commentaires, désignant les intervenants, dont Michel et Jean-Pierre Mabille animèrent l'expression, en direct et en créole.

Arrivés sur les lieux dans la matinée avec notre caméra et un magnétoscope B.V.U., nous tournions, au début de l'après-midi, une première cassette de soixante minutes et une seconde enchaînée, aussitôt, pour conclure, trente ou cinquante minutes plus tard, ce journal, en créole et réalisé en deux plans.

Deux éditions furent moins "généralistes", quoiqu'évoquant aussi les problèmes endémiques de la Guadeloupe. La première eut lieu dans l'enceinte même de l'usine de Beauport, où est traitée la canne à sucre, ressource agricole majeure de l'île, avec la banane. Un *en direct* de libre parole dans un lieu de travail est une exception telle qu'il n'avait, à ma connaissance, jamais eu lieu, ici, tout au moins, et n'aura pas lieu de sitôt. Les points de vues furent contrastés. Le deuxième journal pratiquement improvisé eut lieu sur le campus de l'université Antilles-

Guyane, à Pointe-à-Pitre. Les opinions s'affrontèrent loyalement, comme jamais la télévision française n'eut l'occasion de les faire entendre en ces lieux, auparavant, non plus que de le souhaiter d'ailleurs.

Notre quichottesque randonnée ne fut donc pas un songe, non plus qu'une utopie ; elle servit à réveiller les citoyens mutiques, en les engageant à prendre la parole pour dire le présent qui, en l'état, ne peut durer. Des politiques jugèrent le journal "monotone et déséquilibré" (sa durée exigeait un effort d'attention dans la mangrove des convictions) ; d'autres espéraient du divertissement indigène, sans remarquer l'usage exclusif de la langue créole que nous avions promue quand elle était pratiquement bannie de R.F.O.

Je sais qu'aujourd'hui encore, l'écho ne s'est pas tu de cette quatorzaine de soirées où courait un goût vivace de liberté, de celle qui ne s'use que si l'on ne s'en sert pas. Aux Guadeloupéens de récidiver, d'aventure. Mes voeux les accompagnent.

Je reçois ce jour (20 septembre 1995) le programme de *La planète Gatti* (Gatti, Dante, Sauveur, dit Armand, "écrivain public" et poète). Au dos de ce document, venu de Théâtre Ouvert, je lis le texte suivant, où je vous engage à remplacer *théâtre* par *télévision* pour entendre un écho de l'avenir.

" Nous disions : pour nous, le théâtre
doit donner la parole à ceux qui en ont été privés.
Nous disions : nécessité de sortir
du ghetto du spectacle et du langage
de vitrine, nécessité de chercher un langage
multiplié comme l'est celui de la rue,
avec ses personnes venant de contextes
différents, sans but précis, qui s'entrechoquent,
s'entrecroisent, s'arrêtent, discutent, se divisent,
se multiplient, se reflètent l'une dans l'autre
essayant de rapatrier le pouvoir humain,
de l'exil où l'aliénation quotidienne

les maintient. Nécessité de s'enraciner
dans des lieux de vie, dans les formidables
réceptacles d'imaginaire qu'ils contiennent. "

Armand Gatti

A la question "Que va devenir la profession de journaliste ?", posée par le Journal Syndical des Journalistes C.G.T., je répondis ce qui suit, s'agissant de ceux qui professent à la télévision.

A d'autres la raquette

La télévision est affaire (à faire) de réalité, comme le journalisme. Le cinématographe est affaire de fiction, comme le roman. La télédistribution est improprement confondue avec la télévision quand elle distribue des films, de la fiction, du spectacle (le feuilleton dans la presse écrite n'est pas du journalisme, de la diffusion, plutôt).

Au principe de la télévision, il y a l'image (sonore) reçue à domicile. L'organisation des images qui forment le discours de la télévision s'appelle la réalisation, dont la pratique constitue le métier de réalisateur. Le réalisateur est le rédacteur de la télévision. Il lui donne forme (cf. *informare*).

Des origines de la télévision à l'année 1965, les journalistes faisaient attelage avec les réalisateurs pour rédiger la réalité. Un directeur mit fin à la pratique, écartant les réalisateurs de l'information et des magazines (je présume que l'on était, alors, plus assuré de l'idéologie des journalistes). Aujourd'hui, la présence d'un réalisateur fait à peine illusion dans les journaux en direct où il est réduit à l'état de linotypiste hertzien. Qui donc réalise (rend réel), du monteur, du journaliste, du néologique reporteur d'images ? Les "médiateurs", guichetiers photomatoniques de la réalité, squatters cathodiques dont le buste cache ce qu'ils devraient révéler et que figurent cabochons, logotypes ou clichés ? Non, assurément. Ils “déréalisent” plutôt, devenus journalistes-interprètes (traits et maintien comptent plus que convictions). Nous sommes dans l'ordre du spectacle, du jeu : œillades feintes aux papiers sur la table pour masquer le recours au téléprompteur et regard à la caméra pour l'hypnotisme du “médium”.

Le studio est extraterritorialisé, non-lieu stérile : nulle machine n'y paraît, ni travail, et pourtant la réalité y est attendrie, comme font les bouchers des viandes récalcitrantes.

A la question “Que va devenir la profession de journaliste (de télévision) ?” je réponds : au pis, un métier de ramasseur de balles idéologiques (à d'autres la raquette), ou, alors d'avec et acteur de la réalité en charge de son récit, où d'autres acteurs de la vie quotidienne s'expriment comme lui.

Ni maître d'école, ni maître d'hôtel, le journaliste devrait être un citoyen dont la vigilance est, par profession, à l'affût de la vérité, dans le flot de la vie courante : “Elle souffle, elle souffle !”, devenant, à la vue de sa nudité, son cri le plus familier.

NB : Ce texte, écrit voici bientôt dix ans, trouve un écho dans *Libération* du 30 août 1996 (p.33), où un journaliste, Pierre Thivolet, parle de *Génération Europe 1*, une émission forum pour auditeurs anonymes qu'il animait cet été : “Finalement il y a là pour les journalistes une chance formidable : donner la parole sans démagogie, organiser des forums d'expression qui sont au cœur du fonctionnement de la démocratie”. Dont acte.

CHAPITRE 19

Où ma traversée de la décennie 80 se fait à gué de pierres bienveillantes

Henri Lefèbvre avait plus de quatre-vingts ans quand Jacques De Bonis, grand reporter de ses amis, l'interrogea en forçant la voix pour vaincre un début de surdité chez le sociologue et philosophe béarnais. Vingt ans avaient passé depuis sa diatribe, proférée sur les marches de la maison du directeur, à Arc-et-Senans, pour mon *Claude Nicolas Ledoux*. L'âge tempérait son extraordinaire acuité et je dus ménager son pouvoir de résistance en ne tournant qu'une à deux heures par jour, déplacements compris. Je commençai justement par un entretien évoquant son enseignement à Nanterre à la fin des années 6O, où Daniel Cohn-Bendit et quelques amis étaient de ses étudiants en sociologie. Nous roulâmes du campus à la Défense, liant espace, temps et action, puisqu'à la fin du travelling la ville dressait ses buildings (la vie quotidienne et la ville firent l'objet d'ouvrages lefèbvriens fameux). Le dialogue se prolongea au sommet de l'Institut du Monde Arabe, caméra sur pied élémack mobile, ceinturant Henri et Jacques, découvrant au passage la silhouette du perchiste, surgie du studio 4 et des années 60, quand l'appareil prenait du champ, concentriquement. Nous finîmes le film rue Rambuteau, à son domicile, où j'étalai ses dizaines d'ouvrages comme autant de pierres du gué marquant *le siècle traversé*, sous-titre que nous choisîmes pour cette esquisse de portrait.

J'avais tourné un long ruban de vues mobiles de l'architecture parisienne mais ne m'en servis pas. J'ai déjà dit que je réprouvais ce mode d'écriture consistant à rendre imperceptible (ou presque), le ravaudage de propos tenus hors-champ, désynchroniques à l'image où le visage du locuteur n'apparaît pas, autorisant ainsi l'assemblage de ses "meilleurs morceaux" (les "chutes", écartées pour cause de moindre intérêt, en sont les abats). J'avais l'intention d'utiliser ce travelling citadin en belle longueur pour lui ôter tout relent de "plan de coupe" (empiècement qui masque une césure inélégante tout en la révélant, par sa présence même). Je ne le fis pas. A mes yeux, le seul mode d'en user aurait consisté à filmer l'architecture comme je l'avais fait, depuis l'intérieur de la voiture, sur le boulevard circulaire de la Défense où la caméra passait alternativement du personnage aux tours que nous frôlions. Ne pouvant le meilleur, je renonçai au pire. Ainsi, trente ans après mes débuts, allai-je l'amble, levant d'un pas le doute et de l'autre la conviction.

"*Société française*", revue trimestrielle me demanda en 1987 d'intervenir dans les colonnes de son n°24, sur le thème de "Communication et politique".

Le rapport de la communication à la politique ne peut être fécondé que par la démocratie et l'intervention active des citoyens anonymes, dans l'échange politique, est la condition de sa réalisation.

Mais la télévision est, à la fois, le lieu de la distinction sociale (la perte de son anonymat est le signe de la réussite), et celui de la sécrétion du consensus (son alambic, en somme, même s'il n'est pas le seul). Ne paraissent à la télévision que des producteurs (non anonymes) de consensus (et quelques utopistes connus, par antinomie). La représentation de la réalité par ses acteurs distingués, devient un spectacle dont le désordre cohérent décourage, sinon interdit, l'appréhension.

Dans l'ordre de la fiction, la mise en scène a pour objet de rendre lisibles les signes de la métaphore afin d'aider à comprendre, par ricochet, l'état du monde et des hommes.

Dans l'ordre de la réalité (à laquelle appartient la télévision), la réalisation provoque l'effet inverse : le réel se pare des charmes de la fiction. A tel point que le réel n'a de chance de figurer, à la télévision, qu'en ressemblant à de la fiction.

L'écrasante majorité des Français consomme des milliers de scénarios, d'histoires romanesques dont la fin supposée est d'œuvrer, par parabole, à l'aiguisement des consciences, des intelligences, pour une meilleure connaissance du monde contemporain (c'est tout au moins l'illusion qui prévalait à l'âge de l'Ecole des Buttes-Chaumont et de ses nouveaux hussards noirs de la République).

Je laisse au lecteur le soin d'estimer l'efficacité qui aurait prévalu de l'usage cathodique des origines de la télévision à nos jours, concernant la tolérance et la solidarité, par exemple, dans notre pays.

Qui regarde la télévision aujourd'hui n'a pas la tentation d'y paraître puisqu'aussi bien il ne se prend pas pour un artiste-interprète (quoique acteur de la réalité) sauf à être de ces "gagneurs"qui participent - ipso facto - du récit social télévisé, lequel met, toujours, les mêmes dans le poste et, toujours, les mêmes devant.

La tendance avérée à l'élimination des documentaires est un effet de cette volonté d'éviter à la fiction du programme les échardes de la réalité. [...] L'opinion des acteurs de la réalité exprimée à la télévision frictionnerait les idées reçues (parfois les renforcerait), leur parti pris incite au débat, à l'échange, mode démocratique sans pareil pour changer ce qui doit l'être.

La liberté d'expression vivante de chaque citoyen anonyme à la face de sa communauté transformerait, peut-être alors, la télévision en instrument de la socialité liant, fertilement, communication et politique.

PS : Ce 7 octobre 2006 in *l'Humanité* (p 11), Christine Chauviré, philosophe, écrit : "Stanley Cavell a été le premier philosophe à voir dans le cinéma l'expression d'une éthique : le cinéma nous éduque et nous "rend meilleurs" et parle plus loin : "(d'une) idée d'un cinéma dont la seule vision constitue une éducation plus efficace que celle dispensée par les livres de philosophie morale [...] parce que les personnages cinématographiques sont exemplaires en un sens proprement éthique et font, sur nous, une impression profonde et éducative qui nous oblige à un mode singulier de participation éthique."

L'état du monde et des terriens, ce 10 octobre 2006, relativise sérieusement cette optimiste affirmation, sauf à l'entendre pour valoir, aussi, à rebours.

Michel Rivelin, d'Imago Star, me sollicita pour réaliser un film de danse dont Karine Saporta était la librettiste, aussi la chorégraphe et même l'interprète, en compagnie d'un couple de danseuses. *La brûlure* ou *le sentiment de surveillance* mettait en scène la rencontre de ces trois protagonistes dans une usine métallurgique de Douai, au sud de Lille, où elles tenaient le rôle d'ouvrières pour deux d'entre elles, Karine Saporta assumant celui de chef d'atelier. Cela dit, pour situer la structure logique du livret qui subissait des fluctuations fantasmatiques tout au long du récit où intervenait le feu, à divers usages, ludique ou technique, la chorégraphe - son personnage - se travestissant dans le cours du récit (en religieuse notamment).

Je respectai les termes du projet et m'acquittai de leur réalisation sous le contrôle, plus ou moins enthousiaste de l'auteur. Je retrouvai le mode de filmer plan par plan, avec raccords dans le mouvement, à l'occasion, et aussi gardé le souvenir d'un travelling qui dévorait l'espace d'un immense atelier, aller et retour, plusieurs minutes durant. Serge Marcheux, directeur de la photographie de France 3 Lille, fut un collaborateur inspiré dont le talent colora mes images. Je tirai ainsi mon épingle du je, si j'ose dire, car mon ego, comme l'on dit, fût, au montage, quelque peu étrillé, ce qui n'est pas nécessairement déplorable pour son lustre.

Un deuxième film de danse m'est proposé cette même année 1987, mais cette fois la chorégraphe et interprète, Elizabeth Schwartz, sollicita et mit à contribution avec plaisir mon savoir-faire. Je pus installer ma caméra sur une louma pendant les cinq jours de tournage, dans un studio SFP de Bry sur Marne. Patrick Bossati, in *CNC Images de la danse*, écrit : "Elizabeth Schwartz évoque Isadora Duncan, la danseuse aux pieds nus, dans un jeu de correspondances, entre la danse et l'œuvre de Rodin [...] Le cadre est large, à distance du corps, et permet d'apprécier la gigantesque toile de fond peinte, qui dramatise la chorégraphie et souligne son lyrisme, de façon abstraite".

L'espace fut peint, par Sylvie Skinazi, cyclorama et sol liés par une gorge, en une façon de camouflage militaire marron et, feuille morte, auquel venait se mêler chaque costume de la danseuse, toile brute et lisse, dans le camaïeu spatial. Elle y rencontrait des moniteurs, intégrés à l'espace peint sur lesquels étaient diffusée des images de *la Porte de l'enfer* et autres œuvres de Rodin, que j'avais filmées auparavant. Le rapport de la caméra mobile et d'Elizabeth Schwartz en mouvement, fondait le filmer que je mis en œuvre, et cela pour chacun des neuf plans séquentiels dont un double pas de deux, avec Dominique Petit.

Patrick Poivre d'Arvor décida, au printemps 1988, de produire et d'animer une émission littéraire pour TF1, *Ex libris*. Je l'appris par un journal et lui envoyai un mot pour lui dire que son projet m'intéressait ; il répondit par retour, nous nous vîmes le lendemain où il me confirma son accord (nous nous connaissions depuis la sanglade de Villandraut et nous voyions, de loin en loin). Le modeste studio 3, à Cognacq-Jay, nous était dévolu, hebdomadairement. Je consultai Roger Maily, vieux complice en peinture décorative, qui me proposa d'investir le cyclorama, cache misère aux yeux des techniciens, et de le transformer en fresque "florentine" (l'adjectif est mien car, au premier regard sur la maquette, je pensai aux murs des maisons toscanes). Un jeune plasticien, Pierre Mestre, dessina une table, monumentale et courbe, qui devint un repaire de livres, et deux fauteuils splendides pour favoriser la rencontre de Patrick et de ses hôtes. Des piles de livres bornaient l'espace jusqu'à l'horizon.

TF1 remit le studio 3, à Cognacq-Jay, en état de marche, monta une régie complétée par trois caméras dont le réglage, par parenthèse, mit quelque temps à vaincre une tendance persistante au verdâtre.

Je marquai la différence des rubriques en filmant ses acteurs, qui debout à l'extrémité de la table, qui assis, et présentai les livres à bout de bras, à la main comme il se doit. Le plus rigoureux des champs-contrechamps rythmait les dialogues sans jamais dérober les mains à notre vue.

A la première émission, les critiques notèrent le bistre verdissant des visages et qui, de plus, n'étaient pas en "gros" plan, ainsi que Patrick apparaît, en majesté, quatre soirs sur sept, à vingt heures tapantes sur TF1.

A la deuxième, la fronde directoriale se précisa (que pouvais-je changer à l'infidélité de la mémoire des caméras ?).

A la troisième, cela ne pouvait plus durer.

A la quatrième, je fus remercié.

Peu de temps après ce remerciement - je dois être le réalisateur le plus remercié de la Télévision française depuis son origine -, je lus une information selon laquelle Kim Jong Il, fils du Guide Majuscule de la République Populaire de Corée, entra, par désoeuvrement, dans un théâtre de sa capitale où une équipe de la télévision nationale préparait un tournage ; s'approchant d'un moniteur de contrôle, il suivit la répétition quelque temps, puis fit appeler le réalisateur. "Pourquoi y a-t-il des zones d'ombre dans vos images ? ", questionna-t-il. "Pourquoi ne voit-on pas tout et pourquoi de si loin ?" Le réalisateur fit à l'instant éclairer la scène a giorno et en approcha ses caméras pour filmer les interprètes, en gros plans.

Aux antipodes géographiques et idéologiques de TF1, venait de s'imposer un même choix esthétique liant, sous le même joug, Etienne Mougeotte et Kim Jong Il. On put vérifier, en effet, après mon départ, que sur le plateau d'*Ex Libris* quelque linotypiste hertzien assura gros plans et pleins feux, à l'envi.

PS : J'avais eu l'occasion de tourner, pour *Ex Libris* hors les murs, une séquence avec Philippe Labro, dont le dernier roman évoquait ses débuts de journaliste à *France-Soir*. Je mis en scène l'auteur dans les locaux du 100 rue Réaumur, alors désertés, lisant le chapitre qui évoquait sa première visite à Pierre Lazareff, dans ce lieu trente ans plus tôt. L'huissier - un comédien - occupait donc toujours sa table, au bout du couloir, et lui faisait remplir une fiche pour l'annoncer. Il patientait ensuite et feuilletait un album, celui de son université américaine où figurait son portrait parmi ceux des étudiants de sa promotion. La caméra ne franchissait pas la porte directoriale et à la sortie du visiteur celui-ci nous parlait de son engagement et regagnait le hall, puis la rue Réaumur où avait débuté la séquence, filmée en quatre plans.

L'action durait cinq à six minutes, constituée à la fois de récit indirect (la narration par l'auteur de ce souvenir de jeunesse) et de récit direct puisque l'huissier prononçait réellement, devant la caméra, les répliques consignées dans le roman, malgré (ou à cause de) la présence du livre ouvert que lisait, à vue, Philippe Labro.

Ainsi, le mélange des genres, cet opiniâtre mal-aimé des purificateurs étiques, faisait encore route à mes côtés, aiguillonnant mon interrogation, sans autre réponse envisageable que l'opiniâtreté pratique du filmer.

"Au début était le Verbe et le Verbe était Dieu (Jean). Voulez-vous être Dieu, avec moi ?" demande Armand Gatti à une quinzaine de prisonniers de Fleury-Mérogis qui travaillent avec lui, volontairement, une pièce de théâtre, au fur et à mesure, sur le bicentenaire de la Révolution française, en 1989, donc. Je dois en filmer la représentation dans les murs de la maison d'arrêt. Armand veut "qu'ils assument leurs personnages à travers leur propre langage et se hissent par travail (lecture, écriture) jusqu'à la force de la poésie" (je suis là par solidarité affectueuse à mon (grand) frère, le poète). Nous décidons avec Jean-Jacques Hocquart, amiral de la flotte gattique, de tourner, dans la foulée, un portrait de notre homme remarquable. Je le filmai deux jours. Le premier dans un bois proche de la maison d'arrêt, où je déployai vingt mètres de rails pour l'accompagner en forêt, de noir vêtu, avec son chien barbet Tao, gambadant alentour. Le travelling sur rails représente pour moi la distinction même de la réalisation, je crois l'avoir déjà avoué, depuis la découverte que je fis de son rituel sur le plateau de Marcel Carné, trente ans plus tôt ; je ne l'avais utilisé à ce moment-là qu'à cinq reprises, et toujours en extérieurs, pendant ces trois décennies de filmage et quelque trois cents heures de films, de vidéogrammes (qui sont mêmes choses, comme sont papier bible et papier recyclé). Je reviendrai, plus loin, sur le problème du cadrage, mais je dois dire que notre poète me donna à réfléchir sur la question du "gros" plan, par l'usage de ses bras dans son expressivité propre et, pour ce qui concerne la parole, de son goût pour la période que sertit, bien sûr, délectablement, le plan séquentiel maison.

Son atelier de la Porte d'Orléans nous accueillit pour y filmer, le lendemain, le récit des *Trois trajets d'Armand Gatti* (ce fut le titre du portrait) en plan fixe. Je le ponctuai en détournant de lui la caméra pour découvrir, à proximité, un moniteur où défilaient des images tournées la veille, dans le bois de Fleury, avant de revenir sur lui qui reprenait le fil de son histoire (une image de l'ailleurs, échardée dans l'ici, d'hier dans aujourd'hui - cf. *Un jour futur, chapitre 12* -, était, de plus, une manière de soupir).

Je crois, avec le recul du temps, avoir compris le pourquoi du plaisir, à chaque occasion renouvelé, de tourner une fois encore. Il était provoqué par ces infimes découvertes de forme, sans qu'elles soient objectivement identifiées comme telles, pendant leur réalisation. Cette ingénuité est, peut-être, la cause originelle de ma légendaire immodestie.

Cette même année 1989 me vit parcourir la France à l'occasion de *L'archéologie, une idée à creuser* (le titre est de Michel Rivelin, le producteur du film). J'eus l'idée d'engager mon ami Bernard Noël, écrivain, poète, dont je savais qu'il avait voulu devenir archéologue dans sa jeunesse. Ainsi, conseillés par Laurent Olivier, nous prîmes la route pour rejoindre sites et chantiers gardant les traces de notre passé commun. Il s'agissait pour moi de mettre en scène des acteurs contemporains, interpellés par Bernard, filmé ès qualités de curieux, dans le territoire même de l'histoire de nos ancêtres. Le lieu resserrant l'unité de l'ancien et du nouveau était bien entendu l'unicité du plan contenant intégralement chaque fragment de l'enquête. Le film commençait par la découverte que faisait Bernard Noël d'un lieu de fouilles aux Tuileries, à Paris, où l'usage de la grue me permit la plongée sur le terrain et ses stigmates, aussi la contre-plongée pour le situer, en silhouette de premier plan, sur fond de Louvre sombre, à la fin du prologue et du plan.

Vous l'auriez deviné, lecteur, j'usai ici encore de la citation : Bernard Noël dialoguant avec le maire d'une commune, et dans sa vigne, évoque la fresque monumentale de mosaïque découverte près de là. J'avais filmé celle-ci dans l'heure précédente et les images en défilaient sur un moniteur portable qui gisait aux pieds des deux interlocuteurs. J'aurais pu monter ultérieurement le document pendant l'échange, sèchement - cut, comme il se dit ; ainsi s'écrit le cinématographe depuis son invention - mais la fracture de l'espace et du temps m'écorche souvent l'œil ; aussi quand je suis maître du récit, je fais plutôt révérence à l'attelage précité (leur lien par panoramique valant mieux que leur amputation).

Je ne cédai au montage que pour une séquence de forge, à l'âge du fer ; l'opération était interminable, je la réduisis par généreuses coupes elliptiques. Je vérifiai, à cette occasion, mon peu de goût pour le piétinement dans le dos du monteur pilotant les allers et retours des machines électroniques, le long du time-code têtu. Je lui préfère le travail sur la bande son, pour aboutir à l'entrelacs des bruits plus rarement des musiques dynamisant l'image et son discours.

Pour clore l'archéologie, je filmai, en juillet, un nuage solitaire dans le bleu du ciel et qui s'évaporait, à vue, en deux minutes et dix secondes, celles pendant lesquelles se lit le générique de fin. Façon de donner au temps l'occasion de nous faire un signe et de le saluer en retour, hôte magnanime.

Je ne connaissais pas Ghérasim Luca, ni son œuvre, quand Thierry Garrel et Pierre-André Boutang, me proposèrent *Comment s'en sortir sans sortir*. Je rencontrai le poète dans le bureau de Thierry, responsable des documentaires sur La Sept (nous sommes en 1988). Il s'agissait de filmer un récital de ses poèmes, qu'il proférerait lui-même. Je proposai de le faire dans un studio blanc comme une page, sur laquelle vibrerait Ghérasim Luca, en noir de pied en cap, comme un caractère. L'idée lui convint, et ainsi fut-il fait.

Je postai la caméra sur le bras, court, d'une louma pour lui assurer une amplitude verticale favorisant un point de vue plongeant, altitude qui me permettait de frôler les rectangles de plexiglas suspendus, supportant, en lettres noires, les titres successifs de l'œuvre poétique.

Je me laissai inspirer par l'extraordinaire manière de dire qui était celle de mon ami (la confiance qu'il me témoigna dès l'abord et dont je m'honore encore, était empreinte d'affection). Il se tenait debout, livre en main, relisant une nouvelle fois ses mots - leurs jeux - avec l'énergie de la découverte. L'émotion guidait, dans l'instant, la conduite que j'imposais à la caméra, tenue parfois à distance pour découper la silhouette entière sur l'étendue immaculée, apparemment sans fin, inventée par la lumière d'André Diot, mon initial compagnon de fortune, ici retrouvé. Parfois j'incitais, l'objectif au rapprochement du récitant, presque à toucher le livre, balancé par le corps tout entier, oscillant sous la pression du souffle incantatoire.

Il fut convenu d'un écart de la caméra perdant de vue le poète, un instant, dans le cours d'un certain poème, et de le recouvrer aussitôt. Cette perte fugace avait-elle pour but de souligner, ainsi, l'insupportable absence de la poésie ? Je ne sais mais le fis, trop heureux d'échapper, fût-ce fugacement, à la rationalité française servante de la redondance photomatonique et sonore.

L'adéquation du ramage et du filmage sembla à Ghérasim correctement réalisée. J'avais été au plus simple et m'en sortis, non sans sertir. Je vous salue, encore, je vous rends grâce, cher poète disparu, de m'avoir pris aux mots ; aux vôtres.

CHAPITRE 20

Où je reviens à la "locale", à Staël, Croizat, et à ma plume parfois

Michel Khun dirigeait la production de FR3 Lorraine et me sollicita, en janvier 1990, pour assurer la mise en scène et la réalisation de *Continentales*, une ambitieuse initiative de journal européen fondé sans moyens suffisants mais dont les acteurs, réunis, avant l'aube, dans le studio firent une émission plus que convenable.

J'imposai un fond bleu profond (qui laissait espérer des incrustations qui ne vinrent pas) sur lequel la lettre "e" centrale de Continentales devint un € majuscule (l'idée jaillit d'un inventif de l'équipe ; un journaliste ?). La silhouette du sémillant coryphée, Patrick Germain, joignait les séquences en direct et cadre fixe, et, donc, une fois encore, quelques-uns aboyèrent au passage de cette sanglade, sans toutefois ébranler la caravane qu'elle intégrait, modestement. J'appelais à la rescousse, Joseph Lewartowski, mon assistant *d'Un jour futur* ; pour faire équipe, il continua sans moi, après un semestre d'allers et retours Paris-Nancy.

Ce séjour en Lorraine fut l'occasion de rencontrer un jeune producteur local qui me proposa de filmer une chorégraphie de Daniel Dobbels (rare et précieux poète des corps) présentée dans une synagogue devenue récemment centre culturel dans un chef-lieu de canton de Meurthe-et-Moselle. Je découvris le lieu, haut de dôme, mezzanine ceinturant le rectangle de l'aire principale le tout d'un blanc que la lumière printanière illuminait.

Le chorégraphe plaça chacune de ses trois interprètes à toucher les murs. Elles déployaient leur gestuelle sur place, et, au ralenti. Un déploiement que je contemplais, à distance, chacune, fixement, d'une seule traite et que la caméra cueillait précautionneusement. Joints les uns aux autres, douze plans firent le film gorgé du lieu. J'enregistrai moi-même, à la verticale de la voûte, un chant inarticulé, a cappella, qui devint la partition du ballet (j'ai le timbre pyrénéen).

Georges Derocles voulait, à tout crin, créer une télévision locale en Périgord où il élevait des chiens, après bien d'autres aventures, y compris de production cinématographique. J'aimais bien l'homme et son projet. Je lui proposai ma collaboration qu'il accepta, à compte d'auteur, cela va sans dire.

J'essayai de le convaincre de l'inutilité d'un studio genre FR3 Régions (ressembler ne rassemble pas nécessairement), de l'impérieuse nécessité consistant à inventer un style AquiTV (*TV d'ici*), en accord avec son économie (ressources chétives) en systématisant, par exemple, le plan séquentiel dans les reportages, pour épargner la surcharge au montage (deux heures de machine pour assembler une minute trente d'images sonores). Le directeur d'antenne, néophyte en télévision, fit tout exactement le contraire, avec la bénédiction du maître d'ouvrage et s'exhiba chaque jour à dix-neuf heures, dans son donjon hertzien, aux côtés des notables, en tous genres, de Sarlat et de ses environs (Périgueux devait suivre peu après). Trois mois et demi durant, je tournai en extérieurs pour AquiTV, en rafale hebdomadaire, six sanglades de dix minutes diffusées, une par une, chaque jour, avant le journal. Le contenu était bâti de libres propos que j'échangeais, à la volée, avec les Périgourdins et autres citoyennes rencontrés, à l'improviste, dans les rues, les marchés, les magasins, dans tous les lieux de socialité où j'engageais la conversation, ne cachant rien de ma qualité professionnelle ni du but de la rencontre : faire des acteurs de la réalité (qu'ils étaient, comme moi) des acteurs de la télévision, instrument d'information et d'échange, moyen nouveau d'apprendre à chacun qu'il est l'égal de tous et différent quand même. Qui parle aujourd'hui, demain entendra (l'autre).

Dans l'été 1991, j'en réalisai près de quinze heures auxquelles s'ajoutèrent treize ou quatorze numéros de trente minutes du *Fil des jours*, commentaire hebdomadaire de l'actualité dans le monde, animé par deux journalistes locaux, Gilles Ray à Sarlat, Patrice Sanchez à Périgueux, et cinq à dix volontaires anonymes recrutés par mes deux complices. Je tournais *Le fil des jours* en un seul plan, générique sur cartons volants, inclus. Ainsi produisais-je, chaque vendredi, une heure et demie de programme original, brut de décoffrage et prêt à diffuser. Je donnais l'exemple d'une production réellement spécifique, en tous points, de ce que j'appelle une télévision de proximité, ou l'économie influe, dialectiquement, sur l'esthétique et vice-versa.

Je fus le seul à vouloir convaincre un ou plusieurs citoyens par village de constituer un comité de rédaction chargé du collectage de l'information, de son transport vidéographique éventuel (il y a au moins un caméscope par village), alimentant une chronique de la vie quotidienne. Je commençai à en jeter les bases dans quatre ou cinq lieux puis cessai, devant le peu d'intérêt des dirigeants. Je dis que quinze personnes suffisaient pour faire marcher AquiTV, ils furent trente, dont la moitié furent licenciés deux ans plus tard pour cause économique. AquiTV émet encore aujourd'hui (1996) sans avoir résolu le problème de ses ressources ni choisi la seconde voie menant à l'appropriation collective de son usage par les Périgourdins eux-mêmes, qui d'ailleurs, n'en demandent pas tant, aliénés à leurs téléviseurs postillonnant du consensus, fut-il local.

NB : AquiTV a cessé d'émettre en 2003, après avoir été cédé, quelques années auparavant, par son fondateur pour “raisons économiques”.

Une rétrospective de l'œuvre de Nicolas de Staël eut lieu à la Fondation Maeght dans l'été 1991. J'avais eu le projet de filmer la précédente, au Grand Palais, à Paris, dix ans plus tôt, mais sans que suite puisse lui être donnée, par défaut de producteur.

Je décidai de ne pas rater une deuxième fois l'occasion et alertai mon ami Jean-Pierre Jouffroy pour lui proposer d'en être le cicérone. Il est peintre, auteur de *La mesure de Nicolas de*

Staël, et le rencontra même, dans les années 50. Il demanda à Jean-Louis Prat, directeur de la Fondation, l'autorisation de tourner. Il nous l'accorda. Une caméra, un micro H.F. pour Jean-Pierre et je commençai le tournage à compte d'auteur.

Outre mon intérêt personnel pour la peinture exposée, j'avais eu le désir de la filmer en conjuguant deux éléments, peu usités dans les films de ce genre à savoir, la présence d'un commentateur improvisant, en direct, parfois dans le champ, révélant ainsi l'échelle des tableaux, et pour le réaliser, le choix des deux jours de décrochage, moment privilégié à mes yeux, en cela qu'il favorisait, à la fin de chaque commentaire, le sentiment de frustration naissant de la dépose du tableau dérobé à notre vue par deux ouvriers bleus, gantés de blanc, qui le transportaient sur le lieu d'emballage en caisses, pour un transport prochain.

J'allais ainsi à la découverte de la continence "*moteur de nos désirs*", favorisée ici, d'œuvre en œuvre, au contraire de la pratique hégémonique en télévision, de la *satiété*, considérée comme la fin de tout programme.

Ce fut, et demeure, la modeste invention de *Attention à la peinture* (33 minutes) que Pierre-André Boutang acquit pour FR3 et *Océaniques*. La série disparut quelque temps plus tard, et mon vidéogramme ne fut pas diffusé.

Il est mon troisième inédit à la télévision avec *Don Quichotte à Nanterre*, lequel, de plus, ne fut jamais acheté par quiconque, et *Sombre affaire, rue Watt*, un récit de fiction, écrit avec Michel Doumenc, et dont les bobines reposent encore dans l'enfer privé d'un producteur indépendant.

L'Association Ambroise Croizat me commanda, à des fins de pédagogie civique, (ainsi l'envisagerai-je), trois vidéogrammes destinés à informer les candidats aux stages de rééducation professionnelle et d'insertion sociale, sur les lieux et les méthodes de l'institution. Je convainquis les responsables de charger les stagiaires en activité de cette information, à travers leurs propres expériences personnelles que je recueillais, par dialogue, en les filmant. Ainsi, je rencontrai, dans les trois centres de l'Association, les volontaires que leurs responsables avaient sollicités. Je leur dis que personne ne les raconterait mieux qu'ils ne le feraient eux-mêmes, que je leur proposais mon aide, si elle pouvait leur être utile. Je discutai préalablement avec chacun, avant de les filmer, pour cerner les termes les plus essentiels de leur vérité qu'ils organiseraient pour le tournage.

J'avais décidé, avec leur accord, de les interroger en cours, en ateliers, cadrés en buste, mains apparentes, d'un seul jet, enchaînant une rencontre à une autre puis à une troisième, glissant de l'un à l'autre, sur ce pied élémack dont j'aimais la rassurante pesanteur d'acier chromé et que je croisais, de loin en loin, pour chaque fois le redécouvrir. L'ombre d'Armand Gatti, de son "Qui suis-je", fondateur de l'identité par la parole retrouvée, traversa l'aventure, aussi celle des citoyens multiples "envisagés" au long de cette décennie, entamée à Nanterre.

La richesse inattendue du récit de chacun de mes interlocuteurs, semblables et splendidement différents, à l'aune du stage, fut perceptible après l'assemblage que je fis des unités vidéographiques, qui dépassèrent la commande, en nombre et en durée. Je ne coupai rien, en effet, de leurs dires puisque tous avaient pris la mesure de leurs propos et l'avaient maîtrisée, comme fait un acteur de son texte. Les stagiaires, plus ou moins handicapés, s'étaient approprié le dispositif technique qu'ils ne dissociaient pas de notre équipe, dont ils percevaient l'attentive et fraternelle qualité d'écoute, me semble-t-il.

Une fois de plus, je ne fis pas de "chutes", ayant préservé l'équilibre entre la fraîcheur de leur expression et la rigueur de mon impression. Les responsables de l'institution exploitèrent les vidéogrammes, comme ils l'avaient prévu. Les réactions furent plus vivement encore intéressées qu'ils ne l'avaient espéré, révélant l'impact du message multiforme, et résolument confluent, à l'esprit qui s'en dégageait. Quatre ans plus tard, les films vibrionnent encore et servent l'efficacité de ce mode formateur. J'avoue que pour être "institutionnels", ils n'en sont pas moins de ces rares ouvrages personnels que je ne regrette pas d'avoir, plutôt, réussis.

Le jeudi 19 mars 1992 parut dans le journal *Le Monde* cette libre opinion dont l'objet ne choqua apparemment que moi, dans le Landerneau "PAFique".

Brouillon de culture

La Télévision est ce lieu où vingt douzaines de "personnalités" et quelques compères (icônes électroménagères, ramasseurs de balles idéologiques) font le spectacle dans les téléviseurs pour tous les autres qui sont devant.

Ceux-là sont les citoyens anonymes dont l'expression, à la Télévision, ne peut advenir qu'à l'occasion de faits divers dont ils sont les héros. Le service public leur consacre, d'ailleurs, une émission par semaine dans laquelle ils doivent étaler leurs sinistres et malheurs, quand, ailleurs, peines de cœur et turpitudes ne sont pas perdues de vue.

La Télévision est bien une Bastille d'un nouveau genre, mais paradoxale en ce sens qu'elle tient ses privilégiés dans son sein et ses prisonniers hors les murs. Le sein de la Télévision, c'est le studio, où elle s'abrite de la réalité en la naturalisant, avec la complicité suffisante de hérauts de l'Ordre (du pouvoir, du savoir, de l'avoir).

L'intrus écarté[1]

Aussi, quand un citoyen anonyme a voulu entrer dans le champ de la Télévision, ce dimanche 15 mars, au soir, il a forcément désordonné la propriété "privée", où campaient trois hérauts distingués, en pique-nique culturel hebdomadaire et de service public.

Menacé de coupure d'antenne par le producteur, le citoyen brandit un couteau qu'il promet de retourner contre lui, s'il ne peut poursuivre son monologue. Son propos (sur la réforme

[1] L'intertitre est de la rédaction du journal.

Jospin, la mise en cause du rôle des journalistes) importe moins que la scandaleuse transgression du Temple qu'un "amateur", forcément angoissé, ose, seul contre tous (clerc professionnel du lieu et fidèles spectateurs). Il est agenouillé. Avez-vous jamais vu plus grande modestie dans un studio de Télévision ?

L'intrus écarté, le producteur évoqua "*le mauvais œil*", ménageant la mauvaise ouïe de ses hôtes d'élite qui ne pipèrent mot sur la visite. Laquelle, ainsi, les révéla vrais collabos de l'Ordre et donc de la Télévision (ils en assurent l'occupation), aveugles et sourds (ou faisant comme), à l'écart de la vraie vie qui venait d'écharder le studio apocryphe. Stupéfiant. Et plus encore. Pour passer à la Télévision, un citoyen a été contraint à l'illégalité. En République, est-ce admissible ? Pourquoi n'existe-t-il pas un seul espace de libre expression des citoyens dans la Télévision de service public ? Les acteurs anonymes de la réalité seraient-ils moins indispensables à l'avenir du monde que les "célébrités" hertziennes ?

Et si, "*nouvelle citoyenneté*" oblige (P. Mauroy, 1981), la Télévision, qui est un métier pour certains, devenait un droit pour tous ?

N. B. : Durant la décennie qui sépare *Brouillon de culture* de *Pour hâter l'avenir du printemps* (1982), in *Le Monde*, je reçus moins d'une douzaine de propositions de travail émanant des chaînes de télévision (sans que l'on puisse en déduire que ma rare prose journalistique écrite expliquerait telle modestie d'offre), mais c'est ainsi, même si je ne suis pas le seul dans ce cas (je pense à l'ami Paul Seban).

Chapitre 21

Où *Référence* occupe la dernière décennie (1990) de professionnel et cède la place à l'amateur que je suis à nouveau

A la rentrée 91, Claude Ruben me proposa de faire équipe avec Philippe Lapousterle, journaliste à RMC, pour le compte de TV5, la chaîne internationale francophone. Nous appelâmes ce projet d'interview hebdomadaire de vingt-six minutes *Référence*, pour avoir l'intention de n'y inviter que des personnes ayant stature de personnages, fussent-ils inconnus de beaucoup. Nous tournerions dans les lieux de vie ou de travail de nos hôtes, nous déplacer constituant le premier témoignage de notre considération à leur égard. Ainsi fîmes-nous.

Dans la frénésie iconique et technique des linotypistes hertziens présidant au destin du paysage audiovisuel (comme il se dit), je pris le parti de rédiger de ma main le texte du générique sur des cartons noirs que je présentai, à bout de bras, devant la caméra, pour signaler, à qui regarde, une présence tierce proche de l'objectif qui n'est pas un instrument neutre, non plus automatique et moins encore magique. Il a un maître, en l'occurrence peu enclin au culte des suffisantes virevoltes électroniques (qui trop embrase mal écrin).

Le champ renfermait les deux interlocuteurs, Philippe, en amorce, au premier plan, et notre hôte, au tiers opposé, tous deux assis. Le dialogue se déroulait sans répit vingt-six minutes durant, hors accident matériel inattendu et, dans ce cas, nous reprenions au point de rupture en avouant l'aléa. L'invité est cadré, au départ de *Référence*, en plan-taille et comprenant ses mains. Le triangle mobile, (je dis triangle d'expressivité), dessiné par son visage et ses mains demeure le lieu d'expression sans égal de son oralité ; les bras sont comme les deux parts d'un balancier de funambule assurant au discours son plus juste équilibre. L'on peut le vérifier in Les Guignols de l'info, à Canal +, où "PPD" est autrement expressif que son modèle au 20 heures de TF1. Celui-ci est manchot, celui-là bat sa mesure à deux mains.

Devant l'hôte viennent se cadrer les deux cartons recto-verso du générique pendant que le journaliste le présente oralement, hors champ puis dans le champ qui s'élargit et le découvre terminant son prologue, regard dans la caméra ; il se retourne, alors, et engage la conversation. Par travelling optique, je réduis l'espace, une à deux minutes plus tard, pour retrouver le plan initial qui dure alors dix à douze minutes, fixement. Après un nouvel élargissement situant à nouveau le journaliste et justifiant l'oblique du regard de l'hôte, je reviens au plan "triangle" et m'y tiens jusqu'à la fin où réapparaissent et les titres et ma main.

Dans le courant de la cinquième saison de *Référence* (1995-96), je décidai de faire s'asseoir l'invité, à vue, et de le faire sortir du champ pendant le générique final. Ainsi marquai-je le caractère éphémère de sa présence dans le champ de la télévision, lieu de passage, non de résidence comme d'aucuns en usent.

Référence est, ainsi, l'une des très rares productions de télévision au monde réalisée en un seul plan avec, pour spécificité non moins rare, un journaliste filmé de dos, en amorce. En un lieu et un temps où les journalimateurs exigent d'être filmés en haut de casse, non seulement quand ils parlent, mais aussi quand elles écoutent, chapeau, ami Philippe.

Au 200^{éme} tournage de *Référence*, le 9 avril 1996, un incident vient conforter ma conviction, à propos des rapports de la télévision et de la réalité. Ce n'est pas le premier accroc à la fiction académique télévisuelle dans notre série : un projecteur s'éteignant en cours de filmage (Olivier Debré), un téléphone tonitruant (Daniel Pennac), une perceuse voisine insistante (Michel del Castillo), précédèrent celui de ce jour. En l'occurrence, c'est Fernando Botero qui voulait, tout de go, montrer une sculpture, hors de sa portée, que je suis allé chercher, traversant le champ pour la présenter au premier plan, avouant ma présence et celle de la caméra (la convention exige des acteurs de l'ignorer).

Ainsi, la rencontre antinomique de la fiction spectaculaire télévisée et de la réalité, commandant ma civilité, favorise l'une et révèle l'autre, en la contrariant. “La vraie vie, (qui) est ailleurs”, selon Rimbaud, n'y paraît que par hasard. Cette constatation peut être rapprochée de la thèse des matérialistes antiques (rappelée par mon ami Pierre Baudry), selon laquelle la matière est issue de la collision hasardeuse d'atomes quittant leur trajectoire parallèle. Là, comme à la télévision, le hasard est la nécessité.

Nous avons ainsi filmé nos 321 hôtes, entre la rentrée 1991 et décembre 1998, soit 139 heures de programme. Quelques personnages sont morts depuis sept ans mais je n'ai jamais vu, fût-ce un numéro de *Référence*, rediffusé à cette occasion. Il est vrai que pour être tourné en un plan et deux cadrages *“Référence”* était tenu par la rédaction de TV5 pour un non-film. La multiplication des plans étant, à leurs yeux, (si je puis dire), la marque professionnelle d'un sujet audiovisuel.

La série fut répudiée par un nouveau président de la chaîne TV5, sans nous prévenir, bien sûr, tant il est coutumier, de faire table rase pour mettre le couvert de quelques protégés. L'usage de l'ascenseur y était, ici comme ailleurs, pratique familière.

Note d'intention pour un projet sans suite (Arte), ce qui ne veut pas dire sans avenir. Je proposais de sillonner l'Allemagne et la France pour filmer, dans les villes et les villages, les acteurs de la vie courante devenant, les héros d'un feuilleton quotidien.

Mobile(s)

“Nous avons inventé la télévision pour accueillir dans nos maisons le geste et la parole des hommes et nous voilà,

maintenant, devant elle, immobiles et muets" (A. Leroi-Gourhan).

Mobile (1) : "Se dit de quelque chose qui peut se déplacer."

L'unité de tournage est nomade. Elle se déplace au fil de la vie courante et, d'escale en escale, collecte informations et culture.

Mobile (2) : "Sculpture mouvante sous l'impulsion de l'air."

Mettre en scène "le geste et la parole" des citoyens d'Allemagne et de France, qu'ils soient anonymes ou fameux, dans leurs lieux de vie, de rencontre, de travail, est une façon de sculpter des blocs de réalité, dans l'air du temps.

Mobile (3) : "Elément d'ordre psychologique qui pousse quelqu'un à agir."

Les citoyens, acteurs de ces réalités, nous révèlent comment ils les constituent, les traversent et pourquoi. Leurs mobiles personnels et différents produisent, déjà, l'avenir commun.

J'envoyai les deux articulets qui suivent à *L'Humanité* (et à sa demande) en 1993, à propos du genre *reality show* ("réalité-spectacle") qui envahit les téléviseurs à l'époque.

La réalité et l'affliction

Le goût des "histoires" nous tient depuis l'enfance, et la télévision, qui n'a rien inventé, en fait recette, au jour le jour. Hors l'amour (voire), les histoires sont des faits divers. Si délictueux, la police s'en mêle (elle n'a jamais produit plus de héros fictifs que depuis l'irruption de la télévision à domicile), sinon les citoyens anonymes feront l'affaire qui en sont les acteurs véritables (la recette en vaut d'autres puisqu'à moindre prix).

Ainsi le spectre de la réalité (et de l'affliction, car Margot sommeille en nous) semble guider nos pas, faisant mine de nous mêler à l'avenir du monde, dans le plus parfait respect démocratique du libre arbitre. C'est comme la lune, mais c'est comme ça, quand d'aucuns préfèrent regarder le doigt qui la désigne. Moralité : méfiez-vous des clichés avant qu'ils ne vous impressionnent.

A "spectacle réel", réel spectacle et demi

La télévision n'invite les citoyens anonymes que lorsqu'ils sont les héros de faits divers. Chacun peut se reconnaître dans le comportement (altruiste) d'un inconnu, comme lui, et se sentir héroïque, par délégation, quand il apparaît dans une "réalité spectacle" à la télévision.

Dommage que l'émulation ne suive pas comme dans ce récent réel spectacle, à Paris, où un jeune homme, noir, a été agressé par un groupe de jeunes gens blancs. Les passants ont fait un crochet, les automobilistes ralenti sans s'arrêter (seule une femme a crié, sans écho).

Se croyaient-ils, devant leurs téléviseurs, étanches, assurés de l'arrivée du héros coutumier, ou bien se sont-ils dérobés pour n'avoir eu aucune envie d'être filmés par TF1 ?

L'hospitalisation du jeune noir ne répond pas à ces questions, mais que cela ne nous empêche pas de nous pincer, à l'occasion, pour vérifier que nous ne rêvons pas, devant un "spectacle réel". Il y va peut-être de notre salut, un soir de baston.

En septembre 1993, Sylvie Jézéquel, d'Arte, que je n'avais plus rencontrée depuis l'opération Jéricho de juin 68, autour de la Maison de Radio-France, me proposa un drôle d'ouvrage : filmer des chansons et des textes naïvement dreyfusards d'autres, ignoblement anti-dreyfusards, racistes pour tout dire, réunis et ordonnés par George Whyte, avec Ute Lemper, artiste allemande bilingue, dans le rôle principal. Le titre : *Rage et outrage.*

J'appelai Bertolt Brecht à la rescousse (son ombre n'était jamais loin de mes plateaux), et proposai le dispositif auquel adhéra d'ailleurs, Sylvie Jézéquel, et qui fleurait son œuf de Colomb : filmer une équipe en train de répéter un spectacle musical sur l'affaire Dreyfus et qui découvre l'impossibilité de représenter, dignement, cette ignominieuse dérive meurtrière. Sur le grand plateau prenaient place l'orchestre, les acteurs (Lambert Wilson et Jean-Marc Bory), et les techniciens au complet. Je logeai la caméra au creux d'un steadycam, pour l'essentiel du tournage, relayé par un pied fixe pour certaines chansons (plan et cadre uniques, pour favoriser le "confort d'écoute" des citoyens). Ainsi, cinquante-cinq minutes durant, dans la juste lumière de Pierre Benzrihem, la forme servira l'expression de notre rage et dénoncera l'outrage fait à l'humanité tout entière, qui ne doit pas lui échapper et doit même la convaincre de participer au combat contre toute intolérance, ainsi que tel ou telle participant(e) à notre aventure scabreuse l'exprimeront, clairement, dans le vidéogramme final. N'allez pas croire que l'angélisme seul guida nos pas, *la bête immonde* pointa son dard à la faveur de *La polka des Youpins*. La polka est une danse entraînante et celle-là ne l'est pas moins que d'autres, ici, honteusement, à la réflexion, puisque véhiculant les plus grossières insanités idéologiques. Les choristes qui la distillaient cédaient à l'entrain de la cadence que la caméra ne manquait pas, virevoltante, d'épingler à l'unisson, simplement, comme de révéler la jubilation du chef d'orchestre, Diego Masson, qui avouera aux choristes curieux qu'une telle bêtise le mettait en joie et d'autant plus en joie qu'il est juif, dit-il.

C'était la deuxième fois dans mon parcours que j'avais la conviction d'avoir rendu service - au sens de "tirer quelque peine à obtenir quelque bien" - à mes concitoyens. La soirée thématique d'Arte sur l'affaire Dreyfus fut constituée par un film d'Yves Boisset, narrant l'histoire du capitaine martyr, en deux parties. Entre elles était diffusé *Rage et outrage*. Je n'en lus pas une seule critique qui fût digne de son enjeu et de sa forme. Sic transit gloria (bis). Ce fut la dernière commande que je reçus d'une chaîne de télévision.

Lors d'une rediffusion de ce programme, trois ou quatre ans plus tard, *Rage et outrage* fut remplacé, et sans que j'en sois, préalablement, informé, par un entretien de même durée avec Jean-Denis Bredin, avocat, auteur d'un ouvrage sur l'affaire Dreyfus.

Ma dernière sanglade à ce jour, et qui n'est peut-être pas l'ultime, m'amena en juillet dernier (1995) du côté d'Agen (Lot-et-Garonne) où Pierre Debauche, très ancien compagnon des Buttes-Chaumont et de la Maison de la culture de Nanterre réunies, a installé le Théâtre du Jour. Il y montait *Le roi Lear,* dont il jouait le rôle-titre. Je lui demandai de m'autoriser à filmer la pièce et il me donna son accord. Filmer le théâtre (ses mises en scène) aboutit presque immanquablement au péjoratif "théâtre filmé". Le théâtre serait-il infilmable et pourquoi ? En quoi sa nature pourrait-elle s'opposer à la fixation en images de ses apparences plus que n'importe lequel des événements du monde vivant ? Est-ce parce que sa forme est déjà précontrainte en signes métaphoriques que s'approprie normalement un spectateur en salle, mais qui résiste à sa transmutation par la caméra, n'autorisant que sa capture en l'état ? J'eus pour répondre à ce questionnement mon désir de filmer Pierre et sa compagnie de jeunes gens, le roi Lear et l'histoire tragique de sa vie finissante. Je vis la pièce le lundi 4 juillet, puis je tournai, avec ma caméra Hi8, brandie à bout de bras, et sur laquelle je perchai un micro. La troupe se mit à ma disposition, hors public, de 17 h 30 à 18 h 30, du mardi au vendredi, jouant acte par acte, un par jour, hors le quatrième, où ils donnèrent, enchaînés, le IV et le V (71 minutes). Je filmai en temps réel, un plan par acte, sauf pour deux ou trois apartés au balcon et quelques visages muets. J'étais sur scène, au milieu de la tourmente des sentiments, de l'ambition, de la douleur, de l'hécatombe du dénouement, guidé par la parole proférée que tempérait mon approche, près, très près, comme jamais, des visages (lieux fameux "où l'âme affleure" parce qu'il s'agit d'acteurs dont la maîtrise de l'expression sensible est le métier). La course cyclopéenne de mon objectif de 50 mm, fixe, se déployait au cœur des affrontements, y burinait une ligne brisée géométrisant l'avenir, la barbarie.

Visionnant mes images, il y a peu (octobre 95), j'ai eu l'impression que l'énergie des interprètes ne s'était pas évaporée, ni l'émotion, favorisée ici par la proximité de la caméra et des acteurs. Filmant, j'étais mû par une exaltation provoquée précisément par ma qualité de partie prenante du drame, son volontaire chroniqueur iconique, partageant à ce titre l'espace et le temps du drame et de ses protagonistes. Cet engagement commun a créé une fraternité dont le film porte la marque et du chant et de son contrepoint.

Je ne prétends pas avoir résolu le problème du "théâtre filmé", mais, assurément, celui de filmer *Le roi Lear*, dedans même son cratère intime.

Note d'intention pour la création d'un atelier dont j'ébauchai la pratique dans les années 90, à l'occasion de stages de formation continue de comédiens. J'en avais dirigé quelques uns dans la décennie 80 (Ecole de Chaillot, Afdass, pendant cinq ou six semaines). L'affaire en resta là.

Atelier Raoul Sangla (A.R.S.)

La mise en scène du corps humain, dans l'espace cinématographique, est l'apanage du réalisateur ; l'acteur est l'objet de sa mise en œuvre.

L'A.R.S. propose d'initier les comédiens, par réflexion et par pratique, à l'appréhension du champ de la caméra, pour mieux en maîtriser l'usage.

L'A.R.S. est le lieu où travaillent et se travaillent, les rapports du corps et de la caméra : mouvement, maintien, comportement. De l'entrée de champ à la sortie de champ, la présence dans le champ est l'objet d'exercices filmés, libres ou imposés, où chacun apprend à évaluer la qualité de son jeu, dans l'aire vive.

Les exercices sont individuels et collectifs, pour affûter le sens de l'appropriation, mais, aussi, du partage de l'espace que toute dramaturgie impose à ses interprètes, car la manière de ce partage de l'espace équarri par la caméra, détermine la mise en scène, qui est l'écriture des relations entre les personnages. Filmer cette mise en scène réalise le film.

Les interrogations, les questions, les controverses soulevées par les réalisations, devront trouver leurs réponses et leurs conclusions par le dialogue entre les acteurs et le réalisateur. L'échange, deuxième temps du travail commun, dégagera un principe, une "moralité", en somme, pour servir, à chacun selon ses moyens et, à l'occasion, selon ses besoins.

CHAPITRE 22

Où jouir d'un traitement de retraité peut conduire à réfléchir

L'article qui suit parut en 1992 dans un hebdomadaire aujourd'hui disparu. Il survolait, en vue cavalière, quarante ans d'histoire de la télévision française, où croise mon parcours personnel, évoqué par telle citation imprimée, plus haut. Qu'il veuille bien excuser ce bégaiement.

... et tous les autres devant.
(histoire condensée de la télévision française)

Il y a cinquante-cinq ans, des techniciens de cinéma, des journalistes de radio et quelques volontaires du spectacle, investissent le 15 rue *Cognacq-Jay* et, à l'aide des fonctionnaires des P.T.T., inventent la télévision française. Ils font en direct un journal en images façon *Pathé*, du "cinéma" (théâtre filmé) façon *L'assassinat du Duc de Guise* (Le Bargy, 1910) et des reportages dont les techniciens étaient plus inspirés que les auteurs (beaucoup d'acrobaties hertziennes pour peu de production esthétique).

La télévision était donc, et avant tout, un moyen de diffusion à domicile, exclusivement *en direct*, c'est-à-dire exigeant le synchronisme, la simultanéité de l'événement filmé et de sa réception. Cette double spécificité n'influença en rien la nature du message proposé, du programme, qui ressortit entièrement aux seuls genres connus du *spectacle* auquel s'ajouta le journal en images que les "Actualités" cinématographiques avaient déjà inventé. Tel fut le premier paradoxe de ce médium nouveau à images animées qui n'innova en rien, hors la livraison à domicile, caractéristique essentielle qui ne révéla ses vertus que bien plus tard. Loin d'en faire un instrument nouveau de socialité, de mise en rapport de chacun avec tous ses concitoyens et réciproquement, les pionniers de ce potentiel outil d'analyse de la métamorphose de la vie, *en temps réel*, s'ingénient à le réduire à l'état de cinéma chez soi, à la seule transmission, sans qu'aucune forme nouvelle en jaillît, hors l'invention de l'animateur et du journaliste présents dans l'image et fixant, à jamais, l'objectif de la caméra. La fiction du regard "droit dans les yeux", fut la première poutre échardée dans ceux de nos voisins.

Dix ans plus tard, la Vème République fit de la télévision (monopole, service public à chaîne unique en noir et blanc) un appareil idéologique d'Etat. Le Ministre de l'Information inaugurait, à l'occasion, la nouvelle formule du *Journal télévisé*, veillait aux dépêches sur l'Algérie et créait des Bureaux Régionaux d'Information (FR3) pour répondre aux "insolences" de la presse d'opposition, en province. Il fut alors clair que la télévision irait rejoindre la presse écrite et la radio au panthéon de la "communication" (démocratique), avec une devise : toujours les mêmes *dans* le poste et tous les autres *devant*.

La télévision devint une bastille d'un nouveau genre, paradoxale en ce qu'elle tient ses privilégiés en son sein et ses prisonniers hors les murs. *Cinq Colonnes à la Une* ouvrit bien quelques fenêtres sur le monde et l'hexagone, comme d'autres (Bergeret, Krier) allèrent *A la découverte des Français* ou *explorèrent le temps* avec leur *caméra* (Lorenzi), ce qui fonda l'idée que la télévision était la plus importante *Maison de la Culture,* à l'époque où André Malraux en bâtissait quelques exemplaires gaulliens dans nos régions ; des contemporains du temps, le croient encore, aujourd'hui.

Auteurs, producteurs et surtout réalisateurs, nouveaux "Hussards noirs de la République", s'estimaient investis d'une mission civique : araser l'inégalité des chances devant la culture.

L'histoire et la littérature furent les chevaux (et les champs) de bataille privilégiés de ces artistes pédagogues par cours du soir à domicile (par ailleurs, une *Télévision scolaire* verra le jour, dont l'efficacité peut être vérifiée auprès des contemporains nés après 1950).

Informer, cultiver, distraire fut le slogan de l'O.R.T.F. (1962).

L'information continua d'être un instrument du pouvoir ("*Vous êtes la voix de la France*", dira le Président Pompidou aux journalistes de télévision, en 1971).

La distraction étala les variétés nationales sous forme de *shows* (le plan Marshall était passé par là).

La culture eut ses *dramatiques* bi-hebdomadaires.

Dans cette décennie 60, quelques producteurs et réalisateurs innovèrent, néanmoins, dans le genre documentaire (*Les femmes aussi*, *Les Provinciales*, *16.000 millions de jeunes*, *Terre des arts*, *Lettres du bout du monde*, etc.), bénéficiant de la miniaturisation du matériel de prises de vues et de son qui leur permit l'enregistrement des voix anonymes que le cinéma du réel n'avait pas pu recueillir jusqu'alors (le commentaire y pourvoyait).

Vingt ans après son invention, la télévision française était un moyen de production et de diffusion cinématographiques. Elle recouvrait tous les genres spectaculaires : music-hall, théâtre, cinéma (de fiction et documentaire) auxquels s'ajoutaient les journaux télévisés et leurs magazines. Rien ne spécifiait le programme télévisuel hors sa *réception à domicile* ("*Le message c'est le médium*" prévenait McLuhan). L'habitude de voir livré chez soi un flot d'images animées et ludiques allait, progressivement, tarir le goût des "téléspectateurs" pour le spectacle vivant en public, le music-hall et même le cinéma.

La socialité, la sociabilité des Français, ne sortira pas grandie de l'expérience de réception privée de la télévision. L'individualisme y trouvera un miroir complaisant et la publicité, florissante dans l'après 68, ne cessera pas de flatter le goût de "consommation des ménages", tout en influant sur le programme qu'elle ponctue d'éclats esthétiques arrogants ; à tel point qu'ils provoqueront, vingt ans plus tard, des envies telles, au-delà du mur de Berlin, que sa chute en fut accomplie. Liberté et opulence se confondant (cf. l'exode albanais, plus tard encore).

Le téléviseur s'affirmait, ainsi, alambic du consensus libéral.

L'éclatement de l'O.R.T.F. en 1975 consacra la fin du monopole de production et le début de la concurrence des chaînes, source de meilleurs programmes selon ses promoteurs. La "redevance" ne suffit plus aux budgets des trois chaînes. La publicité assure une part de plus en plus importante des recettes. Il faut résolument plaire à "son public" et adapter ses ambitions d'auteur à une demande profilée par les responsables de chaîne. Le vedettariat des animateurs, et bientôt des journalistes, accentue le caractère spectaculaire de la télévision.

Les téléspectateurs semblent avoir besoin de hérauts (ou tout au moins on les leur impose). Je les nommais *icônes électro-ménagères* pour dire leur rôle de médiateurs, statiques et permanents, sertis par le téléviseur.

En 1981, ce fut l'embellie. Création de la Haute Autorité consacrant officiellement la fin de l'autorité de l'Etat sur la télévision et l'éclosion de quelques émissions différentes, dont *Le Journal d'en France*, que j'inventai en septembre dans le cadre d'*Antenne 2 Midi*. (C'était par réaction au conformisme idéologique et esthétique des journaux télévisés, baronnies professionnelles où la parole des citoyens anonymes n'était pratiquement jamais sollicitée sauf, à l'occasion, s'ils étaient les héros de faits divers).

Après l'embellie, le paysage audiovisuel français (on dit le *PAF*) se modifia. On multiplia les rayons de la grande surface hertzienne. Canal +, chaîne à péage, répondit aux besoins croissants, à l'appétit de spectacles des nouvelles couches moyennes (la moitié des abonnés étaient ouvriers qualifiés et employés). Le sport, le cinéma et plus tard un ton "mode" pour les citadins constituèrent la *distinction* "Canal". TF1 fut privatisée, la Cinq (privée) allait suivre, mais non la diversité des programmes, ni la fin de la ségrégation.

Le téléviseur est devenu un écran multi-fonctionnel pouvant être raccordé périphériquement (jeux vidéo, cassettes du commerce, télé-textes, vidéos familiales, ordinateur, Internet même). L'électro-ménager a repris ses droits et les "icônes" officient dans une réalité de simulacre, vêtues, coiffées comme des vedettes de fictions (les génériques l'attestent) et cher payée (commerce oblige). La course à l'audimat uniformise le message (reality shows, shows avec public, sensationnel) et la forme (multi-caméras, plans brefs, scansion *speed* comme l'on dit dans les studios, ces salons apocryphes).

La consommation hypnoïde des images sonores haletantes défie toute velléité de construction du sens. L'acharnement institutionnel à revitaliser les stéréotypes se vérifie dans chaque émission, de quelque genre qu'il s'agisse. La publicité veille sur le programme comme le cocher sur l'attelage (on ne manque pas, utilement, de changer de chevaux).

L'histoire de la télévision peut-elle ainsi avoir atteint sa fin que rien, jamais, ne remettrait en cause ? Je ne le crois pas. Il reste à inventer la télévision locale de proximité, c'est-à-dire la télévision tout court (puisque la *télédiffusion* existe déjà), un lieu d'émission et de réception presque confondue, la réalité devenue le "studio" de la télévision, les citoyens, acteurs de la vie courante et acteurs de la télévision, enfin "producteurs d'information et de culture", non pour y étaler leurs turpitudes, comme dans telles productions récentes (et florissantes), mais pour y exercer leurs droits d'expression civique dans des formes que les professionnels devront découvrir, avec eux. La démocratie vivante, en somme, riche de "*cette diversité dont il nous faut faire naître la vie commune*", comme dit François Du Castel.

Le moins que l'on puisse dire, à l'énoncé d'une telle utopie, est qu'il y a (encore) loin du téléviseur aux anonymes quand le système actuel, et ça n'est pas d'hier, se satisfait de trois cents nantis distingués, en toutes disciplines, pour amuser la galerie à longueur d'années, sautillant d'une chaîne à l'autre, pour nous asséner le récit du monde dont nous sommes pourtant, et aussi, les acteurs, et qu'il n'est jamais question de changer.

S'il ne faut pas compter sur la seule télévision pour changer ce monde, sachons fermement qu'elle n'est pas pour rien dans la pérennité de son état et qu'il en sera ainsi aussi longtemps que les "amateurs" ne se mêleront pas des "professionnels" qu'ils regardent.

Post-scriptum qui n'est lié à cet article qu'a posteriori et par association d'*idées.*

Le projet de document soumis au débat et au vote des communistes français pour leur 29è Congrès (18-22 décembre 1996) comporte, au point 3 du chapitre I *Les défis de notre temps*, six paragraphes énumérant des réformes indispensables à mettre en œuvre pour réaliser une politique de réelle transformation sociale dans notre pays. La quatrième est ainsi rédigée :

Une réforme dans le domaine de l'information, de la communication et des nouvelles technologies informationnelles qui prévoit la constitution d'un pôle public pour développer les productions françaises et garantisse le pluralisme en matière d'information et de culture.

J'ai proposé à ma cellule d'amender cette proposition en ajoutant : "... *notamment par la transformation de France 3 en une chaîne spécifique d'accueil public où les citoyens pourront organiser leur libre expression à l'échelle des cantons, départements et régions*".

L'accord fut unanime. Je le présentai en son nom dix jours plus tard, à la conférence de notre section du 19è arrondissement de Paris où il fut adopté pour être soumis au vote de la conférence fédérale du dimanche suivant (8 décembre 1996), qui décida de réserver la décision finale à la commission chargée, après le Congrès, de développer et rédiger en détail le Programme du Parti communiste français. Nul écho ne m'en parvint. Ce fut, néanmoins, ma façon d'apport au "*mouvement qui abolit l'état des choses existant*", lequel semble avoir encore la vie dure en ce janvier 2005.

Article paru dans *Ras l'front* en octobre 1995 (extraits).

Le leurre et l'argent du leurre

Il en va de la télévision comme de toute affaire humaine, en ce temps de libéralisme avancé : l'économisme en est le régent impérieux, adulé par les chaînes privées, courtisé par les chaînes publiques que la redevance ne pourvoie plus que chichement (Arte et la Cinquième exceptées).

Qui dit recettes propres dit rapport marchand avec sa clientèle et si, la télévision est forcément un vecteur de culture (un alambic idéologique), elle est surtout un produit dont la rentabilité est le but suprême. L'offre et la demande sont les acteurs de la rencontre dont l'un n'a aucun moyen d'influencer le programme décidé par l'autre. L'étude de marché, ainsi qu'en tout commerce, tente de prévoir les ingrédients du succès que la mesure d'audience (l'audimat), vérifie après usage. [...] Dans cette course à l'audience on découvre le service public lui-même qui n'est pas en reste et tâte de l'information spectacularisée, de la caméra cachée, délatrice sans vergogne, du crapoteux voyeurisme où l'on invite les anonymes à exhiber leurs plus intimes douleurs (c'est leur seule chance d'accès à la télévision, chasse gardée de trois ou quatre centaines de nantis, toujours les mêmes, squattant l'antenne sans répit).

Je crois que la télévision est trop affaire de réalité pour n'être pas l'affaire des acteurs de cette réalité, les citoyens anonymes précisément, dépossédés de cet outil inventé, à mon sens, pour favoriser la socialité, la sociabilité et que la télévision prend en otage dans ses studios comme autant de fidèles mutiques vénérant ses icônes (électro-ménagères) pérorant à l'envi. [...] Si la télévision n'est qu'un music-hall, cinéma et journal, elle n'est que télédiffusion et affaire de professionnels exclusivement ; elle est alors un métier pour certains, quand elle pourrait devenir un droit pour tous, à l'échelle des quartiers, des cantons, un instrument d'information, de culture, un instrument civique d'avenir.

Et si nous exigions d'inscrire le droit d'accès à la télévision au fronton des droits de l'homme, "pour hâter la venue du printemps", comme dit Jean Ristat ?

CHAPITRE 23

Où je prends la caméra en mains pour vérifier que filmer vaut, peut-être

Aujourd'hui, ce 28 janvier 1996, j'ai en tête deux projets de films, longs métrages que j'ai imaginés ; l'un, *La visite*, avec Maya Nahum, l'autre, *Apparition mortelle*, avec Pierre Baudry. Un dyptique relatant l'état de deux réalisateurs dont le plus vieux a renoncé à tourner *Don Quichotte* et à tourner tout court, et le plus jeune (de vingt ans), en train d'imaginer un scénario de fiction cinématographique, tout en filmant pour la télévision, marâtre nourricière.

La visite met en scène deux personnages de premier plan, le réalisateur et une jeune productrice, venue dans ce coin des Landes, le Pays d'Orthe, aux rives des ultimes boucles de l'Adour, avant le Golfe de Gascogne, pour le convaincre de filmer, encore, une fois, ce qui serait sa première production autonome. La rencontre dure quelques heures, entre deux avions, du brouillard matinal à celui du crépuscule, à la Toussaint où l'on moissonne le maïs. Une famille de paysans, un capitaine à la retraite, un médecin généraliste, une jeune voisine, des chasseurs, croisent la route de nos deux héros, visiteurs ou visités, et pour finir un agriculteur menacé de saisie, qui se barricade chez lui et veut mourir.

Une réflexion sur le filmer (ses fins dernières) traversée par des acteurs anonymes de la vie quotidienne, tel est le "motif" du projet (où perce, lecteur, quelque questionnement de l'auteur sur son métier et ses rapports avec la vie réelle). La forme emprunterait à mon expérience du plan séquentiel, portant plus avant mon travail sur la présence des acteurs dans le champ, de son partage ; aussi, sur leur absence.

Apparition mortelle est contemporain de *La visite*. Il se déroule à Paris où Etienne, cinéaste de quarante ans, ne désespère pas du cinéma. Le film sera bâti sur deux niveaux entrelacés, celui de la "réalité" (fictive) traversée par le héros, celui de la fiction, qu'il invente au fur et à mesure. Le premier niveau tiendra de la chronique de la vie courante, le second ressortira au genre *Série blême*, façon Gallimard. Les protagonistes "réels" assureront les rôles de la fiction, la distribution est la même pour les deux niveaux du scénario. Esthétiquement, ils sont différenciés par l'usage de plans séquentiels qui accompagnent Etienne et d'un découpage plan par plan pour le niveau imaginaire comportant, à l'occasion, plusieurs versions, à variations multiples, écho de la recherche stylistique d'Etienne (et de votre serviteur).

Les chances de pouvoir produire les deux films sont minces dans l'état actuel de l'offre et de la demande nationales. Peut-être en tournerai-je une esquisse en Hi8 pour que le siècle à venir ne me qualifie pas, légèrement, de velléitaire gascon (ce que je suis aussi, faut-il vous l'apprendre).

PS : Finalement, je mis un an et demi (septembre 96-avril 98) à réaliser *Apparition mortelle*, filmant le scénario imaginé avec mon ami Pierre Baudry, un jour par ci, un jour par là, selon les disponibilités bénévoles de mes amis : les comédiens, Christian Ruché, Vicky Messica, Jean-Philippe Azéma, Frédéric Santalla, Richard Leduc, Ewa Lewinson, Emma Delsan, Hamma Meliani, aussi Bernard Noël, Armand Gatti et Paul Virilio, sollicités, es qualités, par Etienne. Les opérateurs, Pierre Benzrihem pour l'image, Francis Bonfanti pour le son, Véronique Holley, pour le montage. J'envoyai la cassette finale à Arte, et à tout hasard, accompagnée de cette note.

A propos de *Apparition mortelle*, film

Ce que je nomme les "fins dernières du cinéaste" (Pourquoi filmer ? Qui ? Quoi ? Comment ?) n'a pas toujours hanté mon parcours de réalisateur de 1964 à nos jours, loin s'en faut.

Le temps le plus productif de mon ouvrage, constitué de plus de trois cents heures d'images sonores, était celui des réponses réalisées avant même que les questions fussent posées : l'effet venait avant la cause.

Aujourd'hui, en revanche, les quatre questions "dernières" sont au fondement même de mon filmer, dont *Apparition mortelle* est le dernier chantier.

Pourquoi filmer ? "Bon qu'à ça" (S. Beckett) et pour le vérifier, encore une fois.

Qui ? Un cinéaste (mon héros) et ses affres (c'est mon lot).

Quoi ? L'apocalypse, tout simplement, dans son sens étymologique, puisqu'il s'agit de révéler dans l'ordre du visible, quelque chose qui ne l'était pas encore.

Comment ? En quarante-quatre plans séquentiels poursuivant mon opiniâtre exploration de l'attelage de l'espace et du temps.

Je reçus la réponse d'Arte le 30 novembre 1998 : "… nos priorités actuelles ne nous permettent malheureusement pas de le [le film] retenir pour une programmation prochaine".

Télévision Création Citoyenne est une invention de François Manceaux, qui projetait (il persévère, en ce décembre 1998) de bâtir une chaîne de programmes dont 30 % seraient réalisés par des *spect'acteurs*, comme il les appelle, réunis dans des "points de rencontre" fédérés.

Le 17 juin 1997 eut lieu la première diffusion par satellite (TPS), en direct, depuis la Manufacture des Oeillets, d'Eric Danel, à Ivry-sur-Seine.

J'avais proposé mes services à TCC quelques mois auparavant, et François Manceaux me confia la réalisation de cette première. Elle durait sept heures, "plateaux" et documents multiples réunis.

Parmi ces derniers, je signai *Agora*, enregistrée quelques jours plus tôt dans le même lieu, ancien atelier de fabrication d'œillets (les garnitures métalliques, pas les fleurs). Deux cents personnes avaient répondu à l'invitation de TCC. Je les disposai en cercle, dont le centre était occupé par les quatre animateurs-journalistes chargés de diriger les libres échanges qu'ils sollicitaient.

Je filmai la rencontre deux heures durant, que je ramenai au montage à 35 minutes avec l'aide de Marie-Christine Lenoir, chargée du programme. Outre l'intérêt des propos - le motif, en somme - qui donnait raison à notre volonté commune de favoriser l'expression des citoyens qui se mêlent de ce qui les regarde, fondement d'une télévision réellement démocratique, je pus rendre réelle ma conviction concernant le mode de filmer, *le filmer*. Mes trois caméras, bien sûr en triangle, taillaient dans la masse des présents assis (quinze à vingt par cadrage) d'où émergeait le buste de chacun, de chacune des intervenant(e)s se rasseyant à la fin de son discours, haubané(e) par des dizaines de regards attentifs. Je vérifiai en effet, à la fin du montage, qu'être au plus près de la réalité ne consiste pas nécessairement à isoler la personne filmée (loi d'airain télévisuelle), mais consiste plutôt à la relier aux autres, sans la réponse desquels toute parole est souvent stérile à jamais.

Je découvris la peinture de Pierre Célice (et le peintre lui-même) dans ce même lieu, la Manufacture, où il exposait quand nous préparions le direct de TTC du 17 juin 1997. Ma caméra passa en revue la centaine de toiles accrochées dans l'un des grands ateliers de ce lieu accompagnant l'artiste et l'un de ses amis, Marc Dejean, qui commentait, avec une belle fulgurance poétique, sa découverte des toiles nouvelles, gorgées de couleurs. Notre déplacement, de conserve, Cécile Pécondon-Lacroix captait les voix à la volée, dura une heure pleine, avec stations, ici et là, où la réflexion du visiteur détaillait telle ou telle œuvre et dialoguait à l'occasion avec Pierre Célice. Concernant son travail, je renvoie aux nombreux catalogues d'expositions édités dans lesquels figurent de multiples et diverses appréciations de spécialistes et d'esthètes. Pour ce qui est du *filmer*, le lecteur aura deviné que notre parcours commun fut ininterrompu et donna lieu à un plan-film durant lequel l'objectif caressa toiles et couleurs les liant aux deux personnes, tantôt réunies dans le même champ, tantôt montrées alternativement (l'on sait maintenant que ma caméra ne cesse d'explorer depuis quelques lustres, l'attelage espace-temps et qu'elle persévère, sachant que l'essentiel n'est pas de trouver, mais bien de chercher).

Toujours à compte d'auteur, j'accompagnai, quelque temps après, mon ami Armand Gatti dans la promenade matinale de son chien, par les rues de Montreuil (93). Immense poète, rescapé du Camp (lager), la seule proximité de cet "homme véritable" provoque chez moi un bonheur que tisonne à chaque rencontre sa "parole errante". Ainsi dura-t-elle, ce jour-là, jusqu'à la fin de la cassette de soixante minutes qui ne perdit, ni le promeneur, ni ses mots déroulant le récit de son histoire (exemplaire à mes yeux), donc de l'Histoire, traversée, de Monaco à la Maison de l'Arbre. Je filmai Armand Gatti à cinq reprises, improvisant, lisant ses poèmes ou telle œuvre théâtrale. Eric Rohmer dit que "filmer c'est savoir où l'on place la caméra et à quel moment on arrête le plan". Pour moi, le plan commençait un temps avant l'incipit de ses textes et s'achevait un temps après les applaudissements, qui en étaient l'excipit.

En l'an 2000, les animateurs de télé millevaches, télévision de proximité de 20 ans d'âge, m'invitèrent à Faux-la-Montagne, pour animer un atelier cinématographique (j'y appris que millevache signifie mille sources, sans rapport avec le cheptel bovin). Je transmis à ces jeunes gens ce que je crois avoir compris du filmer, avec exercices et discours ad hoc, dans une relation des plus fraternelle.

De retour à Paris, je leur envoyai la rimaillerie que voici (chanteau, peu usité, a, ici, le sens de "morceau taillé dans un grand pain").

Aux jeunes gens du Plateau
En manière de Chanteau
Que l'atelier Millevaches
Vidéo et débats sache
Qu'une image peut toujours

Sous de séduisants atours
N'avoir plus de sens dessous
Que ne vaut "trois francs six sous"
Mais elle peut en revanche
Parfois cacher dans sa manche
Quelques sanglades nouvelles
Qui provoquent demoiselles
Bonnes dames et citoyens
A prendre les bons moyens
Pour comprendre ce vieux monde
(courage l'ouvrage abonde)
Mêlez-vous de ceux qui vous
Regardent fût-ce dessous
Explorez vos différences
Sans craindre les conséquences
L'imagination vous garde
Des chemins battus que bardent
L'habitude et ses guenilles
Assaillez toutes bastilles
Froissez même la demande
Si conscience le commande

Septembre 2000

Dans l'année 2001, lors d'un reportage, je rencontrai Ladislas Kijno, grand peintre fougueux, lyrique et beau conteur. Nous nous étions vus quelques fois, brièvement, mais, ici, à l'occasion d'un vernissage, je le filmai impromptu, monologuant à l'intention de quelques personnes, puis de moi-même, caméra en main. A la fin de son numéro (brillant numéro) il m'invita à le visiter dans sa maison de Saint Germain-en-Laye. J'y découvris un musée dont le dernier étage constituait son atelier. Nous partîmes du rez-de-chaussée puis montâmes, toujours filmant, au premier étage et aboutîmes au second. Mon hôte prit la parole au rez-de-chaussée et la garda, y compris pendant notre descente au sous-sol, occupé par une vraie cave d'Ali Baba. La visite s'arrêta juste avant que l'heure d'enregistrement ne soit dépassée. J'improvisai, comme toujours, découpant l'espace traversé par son propriétaire, commentant la multitude de tableaux et de sculptures (les siennes ou bien de tiers), qui occupaient les murs de la maison.

Visionnant ce document, je constatai qu'il se confondait, en somme, à ce que mon regard aurait choisi de voir en l'absence de ma caméra. Mais peut-il en être autrement pour un cinéaste ?

Ladislas Kijno m'amena, quelques jours plus tard, à ma demande, dans l'atelier de Jean-Pierre Rives, sculpteur, depuis vingt ans, qui avait sollicité son conseil pour une œuvre (Kijno l'avait initié à la peinture bien des années auparavant). Ainsi puis-je filmer, toujours dans la masse du temps, le dialogue du maître et du disciple à propos d'une pièce monumentale à laquelle manquaient quelques soudures à l'arc pour atteindre la forme espérée par l'auteur. Là aussi je favorisai les ricochets de la caméra au matériau et aux gestes de Rives, masqué comme il se doit. La métamorphose de la sculpture emplit l'objectif (mais filmer n'est-il pas, toujours l'enregistrement de la "métamorphose de la réalité" ?). Survint alors, dans l'atelier, Albert Féraud, splendide sculpteur, qui fut le maître en sculpture de Jean-Pierre Rives.

Je l'interrogeai, au débotté, sur son élève dont l'éloge suivit, sincère et chaleureux, cependant que le travail ne cessait pas alentour et que l'ambiance du lieu devenait enivrante, ce que le film révèle encore, et qui ne s'évaporera probablement pas. Quelques jours plus tard je rendis visite à Albert Féraud et le filmai dans son grand atelier de Bagneux. Là où dort une presse impressionnante. Le sculpteur y soumet l'acier inoxydable, le contraint, l'apprivoise, jusqu'au point où le métal prend la forme de la Beauté inespérée. Je n'en crois pas mes yeux, la caméra y pourvoie.

En 2001 et 2003, pendant un semestre chaque année, je réalisai cinquante-deux vidéogrammes de quarante minutes pour Zalea TV, association ayant pour but (non lucratif) d'obtenir la concession d'un canal national de diffusion destiné à programmer des œuvres cinématographiques et vidéographiques inédites pour n'avoir pas été accueillies par des structures audiovisuelles, sans compter ses productions propres (et libres).

Je remis sur le métier le dispositif du *Journal d'en France*. Quelques citoyens réunis autour d'une table (en appartements ou cafés divers) couverte de journaux et revues déposés par les participants et contenant les articles inspirateurs des interventions de chacune, de chacun, et provoquant des controverses fondées sur l'actualité.

Ma caméra en main (depuis dix ans déjà), j'arpentai, à pas comptés, les alentours de l'agora et son centre où je filmai, aussi, le détail des colonnes d'un périodique authentifiant telle affirmation d'un "rédacteur" et les regards attentifs au locuteur, lui-même approché par la caméra et devenant, à son tour, récepteur de la parole d'autrui. Les quarante minutes atteintes, ma main venait aveugler l'objectif comme elle l'avait libéré initialement, avant de découvrir le fragment de Canson blanc où j'avais, de ma main, écrit *"Le fil des jours, chronique de la vie courante"* filmé par Raoul Sangla avec Dominique Butin-Friez, amie journaliste et réalisatrice qui anima (parfaitement) la rédaction de ces cinquante-deux éditions.

Un jour d'avril 2004, Aline Pailler m'alerta : Serge Pey, notre ami poète toulousain, allait témoigner sa solidarité à André Breton, sur sa tombe, au cimetière des Batignolles, à Paris, à l'occasion de la vente, à Drouot, d'objets personnels du poète surréaliste. J'y courus.

D'abord filmer la silhouette du poète, le voir en pied damer le sol à la lisière du drap et, son périmètre parcouru, s'engager dans le rectangle. Serge Pey est le metteur en scène de ses performances, reproduisant gestes et mouvements rituels dans l'aire de sa profération poétique, figurée par un drap blanc, piqueté de tomates, victimes métaphoriques qui rougiront leur support immaculé. Le poète brandit, à deux mains, un bâton tatoué de mots qui deviennent paroles rythmées par le tintinnabulement jailli de ses éperons de grelots. Il marche, pas après pas, écrasant au passage chaque "pomme d'or" (elles sont, à l'occasion, éventrées à la main pour être déposées sur une feuille blanche où repose un poème).

La caméra va, plus tard, frôler le bâton (on lit des mots, au passage) puis découvre, à ses pieds, la grappe de grelots tremblants dominant les fruits, éclatant l'un après l'autre. Revient le visage vibrant de notre Chrysostome et l'objectif dessine autour de lui une géométrie bienveillante pour servir à l'intelligence du poème (Le cinéaste doit être plus qu'un huissier, il ne faut pas seulement décrire mais écrire).

David Lynch l'affirme : "Le cinéma devrait suggérer des choses que les mots sont impuissants à dire". Les mots de Serge Pey, à coup sûr, font exception. Je n'ai le mérite que de l'avoir vérifié.

Hamma Méliani est mon ami depuis le jour de mars 1983 où je l'engageai pour *"Il pleut, il pleut Rosière"* (cf. chap. 17). Il est acteur, metteur en scène, directeur de compagnie théâtrale et auteur d'une dizaine de pièces de théâtre, dont *Le lait du père* qu'il me confia en 2003, pour la filmer, avec sa troupe de comédiens. Ce que je fis, à Ivry-Sur-Seine où je trouvai l'espace idéal à mes yeux (l'action a pour héros un tyran, des victimes et quelques rebelles dans un pays meurtri). Je choisis un terrain vague, cerné de murs aux matériaux disparates, sur lesquels ma caméra, perpendiculairement, filma les onze tableaux de la tragédie.

Les stigmates de l'horreur y sont donc symbolisés par les murs, masquant tout horizon (l'avenir existe-t-il, au-delà ?). Les vivants sont des nomades sans ombre (les couleurs mêmes, ont déserté les lieux). Chaque fragment d'espace découvert par l'objectif est un champ clos où rode la violence. Les personnages y entrent, s'exposent, avant de fuir et y retourner encore. La caméra se détourne, parfois, compatissant au terrible destin des valeureux résistants dont la voix, pour être entendue, doit rivaliser avec la rumeur vivace des villes. Quand la victoire leur sourira, le chef clamera : "Que les armes des vainqueurs ne deviennent pas les armes de tyrans nouveaux". Le film dure soixante-quatre minutes, constitué de douze plans et fut tourné en dix jours, cinq heures par jour. Il fut diffusé par Zalea TV et invité par Erobiko Festibala, à Itxassou (64).

Depuis l'an 2000, j'ai filmé nombre d'artistes, en leurs ateliers ou lieux d'exposition (Henri Macchéroni, Gérard Paris-Clavel, Raul Velasco, Speedy Graphito, Ciro Rizzo, Michel Quarez) et en compagnie de Macha Mieg, une quinzaine de peintres de Jacques Monory à Ernest Pignon Ernest, en de courtes séquences de dix minutes l'une, pour Métazone, un atelier vidéographique associatif ; aussi des professeurs en communication et autres spécialistes culturels (Pierre Musso, Guy Pineau, Serge Regourd), des journalistes (Aline Pailler, François Ruffin), Claude-Louis Combet, Bernard Noël, écrivains et poètes, des musiciens (Bénat Achiari, Bernard Amorena, Bernard Lubat), Zalea Tv assure, hebdomadairement, pendant l'automne et l'hiver 2006 et jusqu'à Pâques venu, la diffusion sur le canal 79 de la Freebox, à nouveau *Le fil des jours.*

Parmi les *Heures ouvrables* effectuées ces temps derniers je dois dire le plaisir - sans nostalgie - que m'a procuré *Les inventeurs de la RTF ou de quelques cognacqjaypithèques* produit par Laure Guillot, Olivier Azam, Pascal Boucher, Michel Fiszbin et Boris Perrin, coopérateurs de "Les Mutins de Pangée". Il s'est agi, à leur demande, d'enquêter auprès d'anciens compagnons hertziens : Jean-Claude Bringuier, Marcel Bluwal, Jean-Marie Drot, Jacques Krier, Jean-Noël Roy et Alexandre Tarta.

Quelles nouvelles formes de représentation de la réalité ces réalisateurs auraient-ils inventées à la télévision naissante dans la décennie 50 du siècle dernier, sachant que presque tous venaient du cinéma, et que *l'en direct* était le moyen d'expression obligé de la télévision ? Les réponses de mes amis sont diverses comme leurs sensibilités que je relaie en citant des éclats de leurs réalisations, en noir et blanc bien sûr.

Jean-Noël Roy et Alexandre Tarta portèrent l'en-direct, avec détermination, dans le champ du grand reportage, mais aussi, pour Jean-Noël la recherche de récits hybrides où réalité et fiction se mêlaient, genre original dans l'expression, qu'il faut bien appeler, génériquement, cinématographique. Jean-Marie Drot et Jacques Krier devinrent documentaristes dans le champ social, pour l'un, artistique, pour l'autre. Jean-Claude Bringuier fut un enquêteur (en compagnie d'Hubert Knapp), puis un réalisateur, curieux des gens, de leur parole, en confidence (il parle de *bavardages).* Marcel Bluwal explora lui aussi la fiction documentaire, avant d'entamer sa recherche dans le genre *dramatiques* (le genre prit le nom d'école des Buttes-Chaumont).

Ces nouveaux "Hussards noirs de la République" avaient tous le souci de mettre en partage leurs travaux, leurs découvertes. Jean-Marie Drot confirme dans le film qu'ils étaient tous des *partageux.*

A leurs témoignages, j'ajoutai un entretien avec Gilles Delavaud, auteur de *L'art de la télévision* (1950-1965) (De Boek, INA, coéditeurs). Nos points de vue divergent, parfois, pour tenter d'éclairer ce champ, laissé en jachère, que constituent l'écriture télévisuelle et son esthétique ; mais connaît-on meilleure voie que l'échange, y compris la controverse, pour tenter d'approcher la vérité des choses ?

Je ne sais si cette production aura une diffusion nationale (la cherté des droits, exigés par l'INA, n'étant pas, aujourd'hui, à la portée des producteurs), mais j'aime qu'elle existe et puisse éventuellement servir, plus tard, à poursuivre la réflexion qu'amorcent ces matériaux historiques-là.

Roger Viry-Babel, professeur d'université, fut, au début des années 90, le promoteur de l'Institut Européen du cinéma et de l'audiovisuel, au sein de la Faculté de lettres de Nancy II. Cet ami, brillant, lettré, bardé d'humour, (il aurait mérité d'être gascon, s'il n'eut été lorrain) est mort en 2006, prématurément. Il m'avait sollicité pour devenir le président de l'IECA en 1992 et je le suis jusqu'à l'automne de cet an 2007 (15 ans ça suffit, dirait la rue). Je dus cet honneur à ma qualité de *personnalité extérieure* (à l'éducation nationale), car je ne suis le titulaire d'aucun diplôme scolaire connu. Il m'a donc bien fallu pratiquer sur le tas pour arriver sinon mériter ce titre, comme les pages précédentes en témoignent (au cas où, cher lecteur, votre opiniâtre courage vous y ait contraint).

Le moment est venu de clore cette chronique. Après une dernière relecture avant son impression, cet ultime survol m'a révélé qu'il me faudrait, pour être honnête, réaliser un film (un vidéogramme, à vrai dire) où mes intuitions esthétiques devraient être mises en œuvre, concrètement et dont j'expose, quelques échantillons, dans les *Heures supplémentaires* qui suivent.

Heures supplémentaires

*Où réfléchir sur la manière
de renvoyer
des images pourrait influer
sur leur sens*

De quelques réflexions et commentaires, donc, pour servir à réfléchir nos images

Amorces

Dans les dernières années de la décennie 1960, j'eus et satisfis une véritable fringale d'*amorces* disposées devant l'objectif, et au premier plan. Tous les ustensiles du plateau étaient de la fête : projecteurs et leurs pieds, échelles et jusqu'à un *tableau d'amorces* que dessina mon ami André Maurice. L'atelier de menuiserie des Buttes Chaumont le reporta sur un volet de bois, percé en tous genres de figures, fixé sur deux supports, éclairé à contre-jour, et derrière lequel la caméra se déplaçait, proposant des partitions multiples de l'espace filmé, au-delà.

Je ne sais toujours pas, quarante ans plus tard, quel peut bien être le but de cet aveuglement partiel de l'espace. L'on parla, de baroque ("nuance du bizarre [...] son raffinement, ou, s'il était possible de dire, l'abus" Le Robert).

Animateur (rarement au féminin)

La familiarité, sinon la complaisance, qu'il affiche avec ses hôtes, l'exclut du journalisme pour n'être pas neutre à leur égard, non plus critique à leur encontre ; plutôt faire valoir. L'accoutumance à leurs traits - je parle du visage - satisfait, semble-t-il, les spectateurs (l'influence du téléviseur ne vaut que par sa présence, à domicile et chaque jour allumé).

Bresson (Robert)

Dans ses *Notes sur le cinématographe*, le cinéaste exprime des convictions radicales concernant le *"théâtre filmé"* (le cinéma), en regard de *l'art cinématographique* qu'il met lui-même en œuvre ("art des images de ne rien représenter") et précise son point de vue : "... aplatir (les images, comme avec un fer à repasser, sans les atténuer ""...(s') appliquer à des images insignifiantes (non signifiantes)"" [...] qui n'ont de pouvoir et de valeur que par leur position et relation" (le montage, donc).

Je silhouette, plus loin, l'opposition entre montage, précisément, et plan séquentiel. Je requiers l'indulgence du lecteur pour n'y voir qu'une tentative de comprendre le pourquoi du comment et le comment du pourquoi *filmer*. Ma tentative de nomenclature, ci-dessous - aussi amendable soit-elle - a donc, peut-être, le mérite de soulever la question, vieille comme les frères Lumière : le *filmer* produit-il du sens ou n'est-il que l'aléatoire témoin de celui que tient le sujet ?

Cadrage

Par le cadrage, peut-on *signifier,* participer du sens de la situation filmée, métaphoriser ? La "figure" (personnage cadré "en pied") exprime-t-elle autre chose que la "demi-figure" (le buste), le "dessus de cheminée" (tête sur épaules) ou le photomaton, dit gros plan (généralement du visage) ?

Le plan *figure*, propose la vision du corps entier du sujet, aune spatiale, debout, assis ou couché. La *demi-figure* fait son deuil de la moitié inférieure du corps (il y perd de sa qualité de mesure de l'espace) ; je la nomme "triangle d'expressivité", (cf *Heures ouvrables* Ch. 21) pour favoriser, dans un dialogue, la perception du rapport dialectique des paroles et de la gestuelle du sujet. Le cadrage *dessus-de-cheminée* fait le bonheur des présentateurs iconiques de journaux télévisés et de présentateurs divers mais pourrait ressortir à l'investigation neurologique des tics faciaux ; quant au *gros plan*, il participerait, plutôt, de l'oto-rhino-laryngologie.

La pandémie *capitocentriste* qui touche bien des réalisateurs de télévision (et de cinéma) les pousse à se jeter à la tête de leurs victimes, si l'on peut dire, nous imposant un chapelet de visages qui fait ressembler le téléviseur au panier de sciure de la guillotine de ces fétichistes de la décollation. (L'ami André S. Labarthe partage cet avis, à moins qu'il ne l'ait inventé). Robert Capa disait : "Si une photo n'est pas bonne, c'est qu'elle n'a pas été prise d'assez près", ("l'assez près" de Capa n'est pas le "gros plan").

Caméra (lieu de la nuit que la lumière désordonne)

La caméra est l'acteur d'une partition de l'espace dont elle peut ainsi modifier le sens, le signe, la valeur, l'acception, ce qui en fait son partenaire, sinon son co-auteur.

La caméra est un indocile cyclope équarrisseur (le caractère plastique de *l'équarrissage* du réel me convient assez qui en affirme l'outrage, sinon le viol, que la taille (le cadrage) réalise de ses quatre angles droits ; *cyclope* est commode, aussi, parce qu'exact, un rien cliché, quoique la contiguïté avec équarrisseur le revitalise ; quant à *indocile*, je le charge de la difficulté récalcitrante qu'engendre l'usage de la chambre noire qui n'est pas celle du sommeil, non plus des amants, plutôt celle de rebelles menacés de cécité projetant, hors du cachot, leur mémoire visuelle dont chaque cinéaste raviverait la persistance rétinienne).

Il y a, à mon sens, deux manières d'utiliser la caméra en mouvement : ou bien, fixe, elle assure la présence du ou des sujets dans son champs et mérite alors le nom de *servante*, ou bien celui de *destin* (fatum), quand elle est capable de se détourner du lieu de l'action, d'anticiper sur son déroulement en toute connaissance de cause et d'effet ("*car elle voit ce qui n'est pas encore et qui sera*", Péguy), scandant volontairement le récit, en continuité, ce qui distingue cette figure de style des collures du montage. Ce découplage rompt le confort du spectateur (*"met le peuple comme à la gêne"* dira Diderot, plus avant, cf *Travelling* in *Figures de style*) et ce risque explique peut-être la rareté de son usage. En cinématographie ce n'est pas le *motif* qui prime, mais le *filmer*, son géniteur.

La caméra photomaton

Elle a pour fonction de favoriser - comme fait la police - l'identification des icônes dont la présence est aujourd'hui le fondement (le bien nommé) de la télévision (aussi du cinéma) photomatonique tant la visée prime et se substitue à la vue du filmeur.

La caméra didymiste

Didyme est le sobriquet de Thomas, l'apôtre incrédule de qui procède l'exigence de *croire ce que l'on voit*, exclusivement. Je nomme *didymiste* la caméra filmant systématiquement qui parle ou agit quand il parle ou agit, synchroniquement (la litote n'est pas de la fête mais la redondance jubile). Le filmer actuel (mais son usage est ancien) confirme que l'automatisme didymiste préside plus que jamais à sa réalisation et ce, au détriment de l'imagination du spectateur ravagée par le flot d'hyperboles. Mais pourquoi donc montrer qui l'on entend déjà ?

La caméra domestique

Un comportement nouveau est apparu depuis deux ou trois décennies dans les téléviseurs : les animateurs conversant avec un hôte ne les regardent qu'à mi-temps, occupant l'autre moitié à fixer l'objectif de la *caméra* proche et de face, se jouant de l'illusion optique des téléspectateurs de n'être pas perdus de vue par l'idole familière. En réalité, notre homme surveille, mine de rien, sa flagorneuse servante vidéographique. Car ce sont ces *clients*-là qu'il s'agit de conserver, fût-ce au prix d'inconvenance hospitalière (même si ses hôtes sont plus ou moins complices, à fin généralement commerciale).

La complaisance de ces caméras à toujours recueillir leurs œillades spasmodiques, semble prouver que les animateurs iconiques ont réussi à les apprivoiser et qu'il s'agit donc bien de caméras *domestiques*.

NB : Nous n'aurions jamais songé que cela fût envisageable dans ce temps de la télévision où certains réalisateurs n'ignoraient pas que "l'image n'est pas de la réalité mais du regard" (Bernard Noël) et que c'était du leur qu'il s'agissait. L'indocilité des caméras de l'O.R.T.F. - de celles que j'utilisais, tout au moins -, exigeait avant toute chose un *point de vue* pour convaincre leurs opérateurs d'équarrir l'espace à mes conditions. Je n'en fis parfois qu'à ma tête plutôt que de viser celle des médiateurs égotistes et autres squatters cathodiques. Cela me valut d'être remercié souvent au sens où leurs maîtres l'entendent, ce dont je m'honore, encore, aujourd'hui.

La Caméra invisible

Alors que le théâtre ne cache pas toujours sa machinerie (en joue, même), la pratique télévisuelle exclut toujours d'avouer la présence de la caméra sur ses plateaux.

Pourquoi donc est-elle exclue du champ des téléviseurs ? Parce qu'une caméra visible serait un signe concret du processus en cours (*le filmer*), et que les icônes et autres guichetiers hertziens jugeraient ce mode trivial, pour être attentatoire à la *liturgie*, quasi théologale, dont ils sont les clercs (ne parle-t-on pas de "messe du 20 heures", et à la messe, en effet, point de technique à vue ; du rituel exclusivement).

Champ

Le champ est la part visible d'espace élue par l'objectif de la caméra. Il est le lieu où niche le risque (lequel campe, aussi, hors-champ qui peut devenir le champ à son tour). Les personnages y viennent s'exposer aux avanies de la vie courante (le champ, à vrai dire, est un champ clos où la romance même est un défi). Pas de sinécure pour nos protagonistes ; ils n'y entrent qu'à leurs risques et périls, ceux que peuvent provoquer leurs comparses, ou bien même la caméra, que les partis pris du cinéaste peuvent motiver à bon, à mauvais escient, à leur égard, à leur encontre. Les meilleurs d'entre eux en seraient-ils conscients ? Leur jeu s'en nourrit, peut-être.

Toute personne filmée doit l'être de telle sorte que son élection paraisse irréfragable. L'on raconte que Raimu ordonnait à tel réalisateur : "Quand je parle, t'es sur moi, et quand il parle, t'es sur moi pour les réactions".

Cinéma(tographe)

Jean Gabin répétait que les trois conditions pour réussir un film, étaient de disposer, d'abord, d'une bonne histoire, ensuite d'une bonne histoire, enfin d'une bonne histoire. S'en priver, en effet, peut mener à l'échec commercial, et Monsieur Moncorgé, savait le cinéma affaire d'industrie (et de commerce). Le cinéma n'est pas le seul moyen de raconter une histoire - le théâtre et la littérature en sont aussi - mais il est le seul à le faire par images animées et sonores dont la caméra produit l'esthétique : "ce qui, dans une œuvre d'art lui est spécifique et singulier pour devenir matière à connaissance" (Le Robert).

Le cinéma (le film) peut-il donc se résumer à une histoire, à ses personnages (leurs interprètes), aux dialogues et aux décors, l'ensemble (le motif), fut-il d'excellence ? Robert Bresson traitait le cinéma, de *théâtre filmé*. "Deux sortes de films : ceux qui emploient les moyens du théâtre (acteurs, mise en scène, etc.) et se servent de la caméra afin de *reproduire* ; ceux qui emploient les moyens du cinématographe et se servent de la caméra afin de *créer*" (in *Notes sur le cinématographe*, Gallimard, Folio, 1988)

Il me semble que *roman filmé* conviendrait aussi ("le roman n'est-il pas le genre littéraire le plus représentatif de la vie, le plus compromis avec sa trivialité ?", écrit Marthe Robert). L'expression théâtrale, est d'ordre symbolique, métaphorique : un arbre y vaut la forêt quand le roman, lui, nous y promène, par clairières et sentiers.

Le but d'un *filmeur* (les Anglos-saxons disent *filmmaker)* est de rendre *le visible* du motif concerné, comme ferait un huissier en exercice ; le motif se charge, alors, le plus souvent, d'exprimer, seul, le sens qu'il véhicule, bien ou mal filmé.

Le but d'un *cinéaste* est de *le rendre visible* (Paul Klee, parlant de la peinture). Pour y parvenir la caméra se mêle de ceux qu'elle regarde et sertit, de telle manière, intimement distante, qu'elle doit nous induire en découverte de leur complexité.

Pour réduire la caméra au rôle de servante flagorneuse, le cinéma est très souvent pauvre en cinématographe - "titre peu en cinéma", dirait l'ami Collin.

Adresse

Oui je suis fauteur d'images / dont je veux que le plumage / signifie autant ou plus / que l'histoire stimulus / de notre imagination / jusques à conflagration / du ramage direz-vous / peut-être mais l'entrevous / qui unit et qui sépare / le fond et la forme dare / dare notre dialectique / sans aucun doute l'implique / pour savoir ici comment / si la caméra dément / ou pas son obligation / d'être l'interprétation / ni grattoir non plus miroir / du motif mais son boutoir / c'est le groin du sanglier / si veux truffes faut fouailler / bien sûr il faut que j'invente / aux allures de sirvente / cette esthétique rebelle / défiant la ribambelle / de lieux communs, de clichés / (je ne suis de leurs michés) / cela me vaudra sans doute / sarcasmes brocards je doute / qu'ils influent sur mon humeur / m'indiffère la rumeur /

ce qui compte dans l'affaire / c'est la volonté de faire / que filmer soit un poème / ou à défaut un blasphème.

Chromo(s)

N'en signe pas qui veut (hors les filmeurs d'espaces exotiques pour Arte) mais rassurons-nous l'académisme plastique y pourvoit, couramment, et au grand dam de qui les regarde.

Direct (l'en)

(L'en direct dispute au temps l'avenir qu'il tient en otage)

Tout filmer s'exerce en direct, puisque filmeur et filmé partagent le même temps et le même espace. Quand advint la télévision, un tiers fut invité au spectacle : le *téléspectateur,* synchronique au filmeur et au filmé. Hors le temps vécu, ce que les trois protagonistes du phénomène ont en partage, c'est l'incertitude concernant un fragment de la "métamorphose du monde" (Serge Daney), dont ils sont acteurs, montreurs ou témoins. L'en direct est le cratère du suspens sans cesse prorogé, du procès sans fin de la vie même, la frontière vibrante du passé et de son devenir. L'éphémère est son immortel objet.

L'on sait ce que, pour une part, l'avenir doit au hasard, pour chacune et chacun. Paradoxalement, *l'en direct* des origines de la télévision – la forme de récit qu'en proposèrent les premiers réalisateurs – s'arc-bouta pour en neutraliser les éventuels effets ou faits incontrôlés. Tout sujet d'émission (nom générique de la production télévisée) fut préparé, sinon répété, dans la mesure du possible, comme l'est une fiction, pour conjurer tout aléa jugé inconvenant et figer, par anticipation, le futur, avant qu'il n'advienne, se soumettant ainsi aux règles du spectacle, ce que devint, précisément et définitivement la télévision, bien loin du nouvel instrument de communication démocratique et participatif dont un utopiste aurait pu rêver (prématurément, bien sûr). L'ordre y contraignit la liberté.

L'en direct idéal demeure, pour moi, un filmer confronté à un événement aléatoire pour ses acteurs, inconnu du filmeur, au moment même où sa réalisation commence. Ainsi le processus improvisé par le regard du cinéaste devient une part de l'œuvre proposée aux tiers, sertissant le motif qu'il découvre et construit.

Filmer tolère les repentirs quand filmer *l'en direct* n'autorise que les regrets.

Carlos Liscano, écrivain uruguayen, auteur de *Le fourgon des fous* (Belfond), raconte son arrestation en 1972 et sa détention, treize années durant, accompagnées de tortures (le "baril où rode la noyade"). Le récit de ce passé, dit-il, est écrit au présent parce que "(son) apport est plus fort [...] (car) le lecteur a l'impression que *c'est en train de se passer*"dit-il. Un écho de cette vertu de *l'en direct,* seul moyen d'expression peut-être où sa propre finitude fait signe à tout mortel.

Figures de style

L'art transforme ou n'est pas, dit-on. Suffit-il à la caméra de ne pas quitter de l'œil le "motif", pour y parvenir ? Dans ce cas, elle est une manière de greffier (mais, peut-il advenir qu'un greffier ait du style ?).

Le "motif" filmé par la caméra est-il le seul producteur de sens, ou bien le mode de prise de vue y participe-t-il, y met-il du sien ? (J'insiste ? Oui).

En littérature, les figures de style spécifient le sens, elles sont les instruments de la maîtrise des signes exprimant la réalité. Les quelques figures de style que l'on peut répertorier en cinématographie, ont-elles la même fonction ? J'avance ici quelques débuts de réponse, histoire de ne pas laisser le *filmer* en friche.

Champ-contrechamp

Deux personnes se rencontrant obéissent à une règle élémentaire de civilité : se faire face et se regarder, l'un, l'autre. La rencontre peut être filmée en fixant chacun des protagonistes, alternativement, confiant au montage le soin de restituer l'échange, chronologiquement (ce que font, instantanément deux caméras - ou plus - à la télévision). Pour être rigoureusement, classiquement exécuté, le champ-contrechamp doit, dans ses deux phases successives de tournage : placer les caméras à la même hauteur, selon le même angle d'incidence formé avec la droite imaginaire liant les deux sujets, à même distance d'eux, avec un objectif identique (la règle est presque toujours bafouée dans l'écriture audiovisuelle contemporaine - et depuis longtemps). Le locuteur y est toujours favorisé et l'auditeur négligé, loi d'airain du synchronisme de l'image et du son pour assurer le moindre effort du "client" devant son écran petit ou grand (la tautologie rôde).

NB : La rencontre de ces deux personnes peut être filmée en plan séquentiel (sans rupture temporelle ni spatiale). La caméra y montre et occulte à sa guise, l'un ou l'autre des acteurs, bien sûr, ou les deux, ensemble (et pas forcément le locuteur).

Citation

Pour citer, dans une réalisation, un extrait d'ouvrage de tiers et pour servir de guillemets, je pratiquais à l'occasion (cf Chap. 12, *Un jour futur*) dans le même plan, l'inclusion, à vue, d'un moniteur où les images étrangères au studio trouvaient accueil. En pareil cas, l'on voit couramment, le couper-coller y pourvoir, aujourd'hui, confondant espace et temps : l'ailleurs et l'ici, le présent et le passé.

Gros plan

Généralement entendu pour être à l'aune du visage humain occupant tout l'écran. Serait-il le garant de l'expression du plus secret des sentiments du sujet ? Une hyperbole en matière de production de sens ? Il tient de la satiété infantile : nul effort à produire pour regarder à défaut de voir (j'en usai plus qu'à mon tour, dois-je l'avouer, dans les premières années de ma pratique).

L'usage du "gros" plan risque d'être longtemps la panacée pour guérir tous nos maux, sachant, prévient la Faculté, que l'un d'eux, affectant majoritairement les vivants, sera, dans l'avenir, la *myopie*. Plus généralement, la prise de vue *capitocentriste* (le visage, centre d'intérêt, aussi centre de l'image) est la pierre de voûte du filmer commun. Les yeux, endoscopes de "l'âme" ?

Mais quelle peut être la justification du choix du *gros* plan ? La paresse des filmeurs, peut-être, dont l'académisme favorise plutôt le truisme, et, donc, l'exposition du visage considéré comme la métonymie, la synecdoque de l'être lui-même. Ainsi, l'arbre vaudrait la forêt (convainquez-en un bûcheron).

La pratique du gros plan est en quelque sorte au *filmer* ce que dans les ébats amoureux l'on nomme "la position du missionnaire". L'ambition du gros plan, qu'il soit de tête ou de cul, a pour fin inavouée de surprendre le jaillissement des larmes ou du foutre. Une manière d'obscène hypotypose.

Le rectangle du téléviseur évoque-t-il la grille du confessionnal où tout bon chrétien vient s'agenouiller dans une proximité du confesseur qui révèle son visage pour tout horizon, à distance telle, que seule l'intimité d'amants l'autoriserait ? A méditer, néanmoins : "Le visage est le lieu d'une ouverture infinie à l'éthique" (Emmanuel Lévinas).

A l'inverse, le plan "large" serait-il litotique ? Le détail me semble plus perceptible dans un plan large, que "gros" : le pompon rouge d'un marin peut être un délice plastique vibrant dans le premier cas, et banale touffe de laine, dans l'autre.

Moralité

A la pêche au gros plan, préférer l'aire du large.

Panoramique

Le panoramique met en rapport un sujet avec tel autre, tel lieu ou tel événement dont, il précipite les péripéties ou le dénouement, produisant émotion et sens (la découverte inattendue des Indiens, de dos, regardant passer la diligence centrée par la caméra au plus profond du canyon, dans le western fordien "Stage coach"). L'émotion, le sens sont, ici, affaire de mécanique : la tête gyroscopique du pied de la caméra produit du mouvement par giration, déplaçant le point de vue des spectateurs. Ce panoramique peut n'être que le serviteur du mobile concerné (variation 1, ci-dessous) mais peut aussi participer du sens de ce qu'il filme.

Voici huit variations exploratoires de la figure panoramique. La première est la traditionnelle et fidèle servante fonctionnelle du motif ; puis les quatre suivantes, exécutées à vitesse égale décrivent, en un arc de cercle identique, le déplacement d'un sujet ; une sixième suit, avec objet puis une septième, dite "le balancier" et une césuréenne, pour finir, provisoirement.

Variation 1 : Le mobile est déjà, ou entre, dans le cadre au début du plan, généralement en son mitan et l'y maintient pendant l'exécution du panoramique ; il n'en sort éventuellement que lorsque le cadre s'immobilise en fin de course. Le motif commande le mouvement, comme au ball-trap, le pigeon d'argile. *Présent de l'indicatif ?*

Variation 2 (Anticipation) : Le panoramique parcourt le même espace que le *mobile,* mais *en le précédant* ; *le mobile* n'est visible qu'à son apparition dans le premier cadre fixe puis, seulement, dans sa traversée du champ fixe lui aussi, *après* l'arrêt du panoramique. *Futur antérieur ?*

Variation 3 (Suspens) : Même panoramique que les deux précédents, mais *en suivant le mobile*, visible seulement dans sa traversée du champ fixe, *avant* que ne se soit amorcé le panoramique. *Passé simple ?*

Variation 4 : le mobile entre dans le champ de l'objectif qui le maintient pendant tout le parcours dos au bord du cadre extérieur qui le pousse. Métaphore de la contrainte, de la peur ?

Variation 5 : le mobile entre dans le champ de l'objectif qui le maintient, face au bord intérieur du cadre, dans le sens de la marche. Ce panoramique est dit de "L'école de Longchamp", car c'est celui que réalise un cadreur, filmant le cheval de tête d'un peloton de ses congénères, sur le champ de courses : ses naseaux ne doivent jamais dépasser le bord du cadre (il y va de l'honneur professionnel de l'opérateur). Métaphore de la volonté, de l'impatience ?

Variation 6 : un objet vient occuper le premier plan de l'image et y reste fixé pendant le panoramique, dont le mouvement est perceptible sur le pourtour du cadre. A la fin de la rotation de l'objectif, l'objet quitte le champ et un nouvel espace est découvert (ellipse spatiale).

Variation 7 (le balancier) : Ce panoramique doit son nom au mouvement de la caméra liant deux points de l'espace, l'un à l'autre, alternativement, de droite à gauche, puis de gauche à droite. Le balayage aller et retour, exécuté par l'objectif, s'arrête toujours aux deux mêmes points extrêmes, butoirs virtuels et y marque un temps, au moment où un sujet entre dans le champ. Alors, la caméra reprend sa course panoramique, en sens inverse, toujours à la même vitesse de déplacement, ayant relégué le sujet dans le hors-champ et avant de découvrir, à l'opposé de l'arc, un autre sujet faisant irruption à son tour et que la caméra abandonnera bientôt, panoramiquement, à nouveau. La répétition des apparitions et disparitions des sujets, toujours en mouvement, aux deux mêmes endroits veut indiquer métaphoriquement, leur difficulté à franchir l'espace, à se rejoindre.

Variation 8 : le panoramique *césuréen* lie deux lieux, mais *sépare* deux actions, comme ferait une collure.

NB : ces variations sont aussi réalisables par travelling.

Paréchème

Le paréchème est une figure de style (famille de la cacophonie), désignant la rencontre bégayante *de deux* (en voilà un) syllabes, phonétiquement identiques.

La “cacophotie”, néologisme de mon cru, désigne le “plan sur plan”, cadrage sur cadrage, dont la télévision nous abreuve : l’image au J.T. d’un correspondant extérieur filmé en plan rapproché et fixant la caméra, précédant celle du présentateur filmé de même, en studio, regard dans l’objectif (l’on finirait par croire que, devant notre téléviseur, nous sommes scrutés, à des fins incertaines).

Plan fixe

Le plan fixe est une façon de manteau d’Arlequin, ce cadre immobile du théâtre où se déploie la mise en scène. Le manteau d’Arlequin, néanmoins, ne peut dépecer ses hôtes, quand le *cadrage* cinématographique ne s’en prive pas. C’est même là sa distinction.

Plan-séquence ou plan séquentiel (équivalent de la période, en rhétorique)

Le plan-séquence est l’énoncé filmique d’un fait réalisé d’un seul tenant, sans coupure de la caméra, et filmé dans la masse du temps et de l’espace synchrones, dont il constitue un *prélèvement* (le plan, tout court, n’en est qu’un *fragment*).

Dans le plan-séquence, la continuité, spatiale et temporelle, favorise-t-elle un rapport à l’image plus concret et plus sensible pour un spectateur ? Filmer en plans séquentiels, c’est envisager le temps comme fondateur de toute réalité, géniteur et bourreau, à la fois, de toute chose, et de chacun. C’est assumer le risque et ses sanctions, de montrer d’un seul point de vue, mobile, celui du temps, du *processus* (favorisant l’irruption d’aléas), alors que le montage échafaude le leurre de proposer plusieurs points de vue juxtaposés au seul bénéfice du *résultat* (l'ordre est préalable au tournage, le tourisme craignant les impedimenta).

Le plan-séquence est un fragment, du monde vivant. Il en comporte, plus qu'en mémoire, les termes irrépressiblement liés d'espace et de temps, dans lesquels les hommes construisent leur destin. Le plan séquentiel porte, parfois, les traces d'aléas que le montage enfouit dans ses collures.

Le plan-séquence est, sur un point, plus "réel", que ne l'est le montage : celui de la représentation du temps, discontinu dans un cas, continu dans l'autre ; reconstitué dans l'un, originel dans l'autre cas. Les césures recèlent du temps et précisément celui qui sépare le tournage de chacun des plans montés, rebut gisant dans l'ombre des collures (même en direct, chaque commutation efface un vingt-cinquième de seconde d'espace-temps du récit).

Ma recherche personnelle, dans le plan séquentiel, *tend à voir*, prenant le risque de ne pas tout *montrer*, alors que l'écriture plan par plan veut nous faire croire qu'elle *montre* tout, à défaut de *voir*, peut-être. Pierre Villepreux, parlant de rugby "ambitieux", écrit que "la nécessaire prise de risques que ce jeu réclame est une manière d'exprimer sa confiance dans ce que l'on fait". Ainsi en va-t-il du plan-séquence.

Il élit, par défaut, son hors champ, comme fait chaque prise de vue, mais peut, en outre, le transformer, dans le même mouvement, en champ d'action, à son tour, rejetant ipso facto le précédent dans les ténèbres, comme il fera, encore et encore. Si l'absence de hors-champ est la marque même de la télévision (le cinéma serait son seul gardien, selon un critique), l'on peut affirmer que le plan-séquence échappe à cette péjoration, en pouvant mettre à découvert l'espace à 360 degrés, dont aucun des détails n'est à l'abri de sa quête (et le diable est dans le détail, comme rappelé plus haut).

Aux détracteurs du plan-séquence : "... *Mon dessein était qu'il plût comme naturel, et c'est peut-être parce qu'il l'est effectivement qu'on le croit singulier, et que, regardé comme tel, on me reproche d'en user toujours*". (Marivaux, avertissement pour *Les serments indiscrets*).

Louons qui châtie nos cillements.

Plongée, contre-plongée *(applicable à toute figure de style)*

Le point de vue de haut en bas, la plongée, exprime dans le Landernau du cinéma une domination, à l'encontre du sujet filmé et la contre-plongée, son contre-champ, le confirme, vu par le dominé lui-même de bas en haut. Voilà pour la vulgate.

Les rapports humains sociaux sont tels, dans notre monde, que l'on peut s'étonner de ne pas voir plus souvent sur nos écrans, les protagonistes de drames filmés de cette manière (généralement ils le sont à *hauteur d'homme*, c'est-à-dire au niveau des yeux de l'opérateur. Volonté inconsciente d'affirmer l'égalité de tous ?).

Néanmoins, si l'on considère qu'à 25 ans, Orson Welles impose la contre-plongée comme mode de filmer pour *Citizen Kane*, il faut chercher une raison, sinon un sens, à cette figure de style systématisée (il la répétera dans son œuvre ultérieure) : révéler la présence du plafond comme sixième côté qui clôt l'espace dans lequel l'humanité fomente son avenir : *la montée au ciel* est-elle, à ses yeux, dorénavant exclue ?

Quant à la plongée, comme Paul Seban me le signalait justement, il faut le génie de Salvador Dali pour la rendre ineffable dans son "Christ en croix": il a pris le point de vue de Jésus, crucifié, mais *en l'y incluant.* Vertigineux.

Travelling

La caméra peut être mobile, créant ainsi, une dynamique, à la rencontre d'autres énergies, d'autres forces - objets ou sujets (à propos d'un film nouveau, un critique ressert l'antienne éculée chantant l'absence de "mouvement inutile de caméra" ; il ne dit pas ce qu'est l'utile (la "bonne" caméra serait celle qui se fait oublier). Comment imaginer un cinéma où la caméra serait tenue d'être paralytique pour être honnête, quand elle ne peut que "voyeuriser" (vouyouriser, à l'occasion) la part cachée du monde, destinée au secret, dans la vie courante ? Il faut, pourtant, que la caméra soit bien vive, pour valoir à son travail, le nom de cinématographe. Que Robert Bresson me pardonne.

Le seul travelling qui vaille, à mes yeux, est celui dont le découplage du motif à filmer (le ou les acteurs) crée le moyen pour la caméra de tisser avec lui, avec eux, et donc avec l'espace, une autre forme de rapport que celui auquel le confine la tradition, à savoir l'accompagnement, de conserve, mécanique, servile, synchrone (sans compter le rapprochement par avancée - cf. *Gros plan* - et, par recul, l'éloignement - cf. le plan final de films multiples).

Ainsi envisagée, cette figure de style incite la caméra à conquérir son indépendance, effaçant autant qu'elle découvre, dessinant le contrepoint du motif. Les personnages invités à renoncer à leur présence hyperbolique dans le champ, tolérant la litote, entrelacent ainsi, ponctuellement, la *mélodie* (qu'ils incarnent) au *contre-chant* de la caméra.

En travelling, l'objectif mérite le nom de *voyageur* (il est familier des chemins buissonniers, il fuit les sentiers battus d'évidences). L'objectif *touriste* lui n'est surpris, ni par sa voie, ni par son but (Cette métaphore doit à Serge Daney ; grâces à sa mémoire).

NB : Le travelling ainsi conçu néglige volontairement les protagonistes, tenant ainsi hors-champ, telles parties de l'action et du dialogue. Au cinéma et plus encore à la télévision, l'image synchrone du locuteur est la clé de voûte de l'appréhension de la télévision, sauf dans le cas du commentaire "off", exception paradoxalement admise par tous.

Montrer, donc, des fragments du lieu traversé par les acteurs, *sans les voir,* tout en les entendant, doit être pris pour de la provocation à une acuité, à une discrimination accrues du sens émis par le motif de la scène proposée. L'espace filmé, sans acteurs visibles (le silence peut l'habiter), semblerait un obstacle au traditionnel et recherché "confort d'écoute" audiovisuel. En réalité, non seulement il réfléchit la voix des protagonistes mais, les tenant hors de vue, en manière de litote, il devrait favoriser plutôt l'imagination du spectateur ou pour le moins son attention.

Je considère, personnellement, que c'est le mouvement qui spécifie le cinéma(tographe), en ce qu'il est le seul moyen d'expression qui produit (peut produire), spécifiquement, un sens *en combinant, en entrelaçant, le mouvement des sujets* et *celui de la caméra*, cet "œil dans la tête d'un poète" (J. Cocteau).

Aux poètes dramatiques, ce rappel, cette invite (aussi aux cinéastes)

"(...) L'applaudissement vrai que vous devez vous proposer d'obtenir, ce n'est pas ce battement de mains qui se fait entendre subitement après un vers éclatant, mais ce soupir profond qui part de l'âme après la contrainte d'un long silence, et qui la soulage ; Il est une impression plus violente encore, et que vous concevrez, si vous êtes nés pour votre art, et si vous en pressentez toute la magie : c'est de mettre le peuple comme à la gêne. Alors les esprits seront troublés, incertains, flottants, éperdus ; et vos spectateurs tels que ceux qui, dans les tremblements d'une partie du globe, voient les murs de leurs maisons vaciller et sentent la terre se dérober sous leurs pieds." Denis Diderot, in *De la poésie dramatique*.

Pour clore ces variations, je confirme, ici, ma conviction : *l'aune à la caméra* (Salut, Dziga Vertov !) est la *figure de style,* constituée par la *prise de vue* même, dont le sens produit, métaphoriquement, spécifie sa qualité de moyen d'expression artistique.

Je risque d'être, éventuellement, qualifié d'esthète fondamentaliste, quand je prétends n'être qu'un cinéaste à la recherche d'amers aux rivages inventés par les frères Lumière.

Film

La qualité des motifs romanesques de bien des films m'enchante à l'occasion, aussi le savoir-faire de leurs artisans-interprètes et techniciens, leur talent parfois. Ma critique du cinéma ne s'exerce qu'au plan de l'esthétique cinématographique, rarement en œuvre dans le filmer de ce théâtre-roman là. Mon ami Paul Seban dit que la mise en œuvre formelle des films est intégrée au scénario et s'y confond (la caméra en étant le greffier RS). Pâle ambition.

Par ailleurs, à la psychologie, il est permis de préférer la poésie.

Aujourd'hui la plastique de l'image a évolué : la lumière *cinémasiatique* et clairs obscurs d'Hollywood en intérieur nuit. Elle a mis à profit les techniques nouvelles d'enchaînement des images et l'accélération de leur mouvement interne, effets destinés, peut-être, à exorciser la durée, à fixer le spectateur, toujours rétif au temps qui dure.

Filmer (le)

C'est le nom que je donne au processus de travail de la caméra sur les apparences - de la vie - mise en scène par les lois de la nature et de la société. Filmer la réalité ne vaut que pour les fêlures révélées par la caméra dans l'ordre des formes qui flatte l'accoutumance visuelle. Toute remise en question des habitudes est rébarbative pour qui filme et pour qui regarde. "Ils ne veulent pas voir, ils veulent revoir", dit Marguerite Duras.

Les *mots* d'un roman provoquent dans l'imagination du lecteur l'invention d'*images* qui les explicitent. Le cinématographe, à l'inverse, ne devrait-il pas être ce producteur d'*images* que le spectateur, pour en concevoir le sens, traduirait en *mots ?*

(Je rêve, ici, à des films sonores, mais sans dialogues - lesquels constituent couramment le seul moyen de comprendre les récits du cinéma traditionnel. Artavazd Pelechian, entre autres, s'y emploie.)

Deux citations en forme d'arcs-boutants :

"La représentation cède la place à la suggestion et, plus les éléments sont rares et épurés, plus intense est l'activité visuelle et mentale que l'œuvre provoque" Philippe Dagen, *Le Monde*, 5 juillet 2007.

"Pour mériter le nom d'œuvre, il faut ajouter une qualité de mouvement au mouvement propre de la matière qu'elle emprunte", Jean-Pierre Jouffroy in *La petite mort* (inédit).

Le filmer devrait être cette manière d'impression d'images animées telle que le spectateur en puisse réaliser le sens sans autre information que ses signes.

Deux modes de filmer.

Le premier est objectif (qui se rapporte à l'objet pensé). Il a pour but de *montrer* l'action en équarrissant l'espace qui la contient pour rendre lisible sa mise en scène, respectant plutôt le synchronisme de l'image et du son. *Ce mode conforme le regard de l'autre (le spectateur) à la seule vision du cinéaste.* (théâtre filmé)

Le second est subjectif (qui se rapporte au sujet pensant). Il tend à *exprimer* le sens de l'action par une manière de filmer (les figures de style) qui fortifie la perception de la mise en scène, fut-ce par découplage de l'image et du son synchrone. *Ce mode favorise le regard de l'autre (le spectateur) dont le cinéaste favorise l'exercice du libre arbitre* (cinématographie).

NB : Un troisième mode, hybride du premier et très répandu, aujourd'hui, dans les téléviseurs, et à toute heure, fournit en rafales des images insignifiantes et sans identité, nées sous X, en somme, parfois, même, mort-nées, mais fabriquant une verroterie visuelle dont le rôle, à l'encontre des citoyens, est comparable à celui dont les colonisateurs éblouissaient la naïveté des peuples lointains, pour les piller.

Rappelons qu'une image ne mérite son nom qu'affiliée au style (et ses figures) : "L'image c'est du regard, pas de la réalité ; la réalité est dessous comme la toile est sous la peinture" Bernard Noël.

A la fin des fins, ne pourrait-on pas dire, simplement, que *filmer* peut n'être au cinématographe que ce qu'*imprimer* est à la littérature ?

Envoi

Filmer n'est pas que tournage / D'abord style évidemment / Sans lui serait un ramage / D'où ne sourd nul pépiement.

Filmeurs (et linotypistes hertziens)

Les choix du filmeur ne participent pas toujours, lisiblement, de la nécessité, mais obéissent à la loi de l'offre et de la demande : le producteur de cinéma paie cher ses "stars", il veut qu'on les voit "au plus près", à savoir, leurs visages, plein cadre. A la télévision, les réalisateurs (*linotypistes hertziens*, pour leur frénésie digitale en régie d'où giclent leurs plans en rafales) réduisent leurs sujets (journalistes, présentateurs, invités) à leur photo d'identité. Toute mise en scène des icônes qui n'utiliserait pas, au moins, le plan *dessus-de-cheminée* risquerait de mettre en péril leur distinction et forcerait les citoyens à faire effort de lecture, prétendent les "décideurs". Or, qui dit effort, dit fuite possible du client, lequel est, ici, roi (comme devant). On le voit, la myopie n'est pas la seule garantie de la pérennité prévisible de cette "grossière" figure de style.

Envoi

Il filme les mariages / comme les enterrements / quoique que l'un tint du bel âge / l'autre du seul testament / croyez-vous que la nuance / effleurât notre filmeur / nenni foin de repentance / honnie par tout un frimeur / il cadre bien dans le tas / dentelle aussi taffetas / quand quelqu'un ouvre la bouche / il en rajoute une louche / si un client se distingue / voilà repartie la dengue /

chaque plan semble avoir honte / de lui le suivant affronte / la même situation / que cesse l'agitation / favorisez le silence / redonnez de l'appétence / à qui veut entendre et voir / simplement pour percevoir / le sens qu'un récit charrie / dedans l'image équarrie.

Complainte

Ces jeunes gens contraints d'afficher en cascade / Stroboscopiment d'imagières saccades / sont victimes de vous producteurs de breloques / Suffisants illettrés et qui les effiloquent.

Focales

A la vue de caméras de surveillance, je me demande si leurs utilisateurs ont réfléchi, avant de choisir la focale de leurs objectifs : "longue", elle écrase la perspective, "courte", elle la dilate. Comment maîtriser, "objectivement", l'espace réel quand la caméra le métamorphose ? La *longue focale* est flagorneuse : elle soustrait le sujet à l'espace et à ses germes, le stérilise, le rend impropre à la production, voire à la reproduction (il n'a plus de rapport qu'avec lui-même ; un solipsisme, en somme). La *focale courte* semble désertifier l'espace. Nul objet n'y paraît utile, nul personnage adéquat (un climat de banquise mutique). Le champ contient des traces de coups qui n'auraient pas été portés.

Forme (de la) et du fond

La forme touche le fond est une assertion dont le sens est ambivalent. Concernant la forme de mes ouvrages, certains qui n'aimaient pas mes sanglades l'entendaient péjorativement, quand elle signifiait pour moi "ce qui fait apprécier la qualité de quelque chose" (le Robert), en l'occurrence le motif de mon filmer, quel qu'il fût, action fictive ou réelle, et ses péripéties.

Victor Hugo dit : "la forme est le fond qui remonte", d'aucuns, "la forme est le fond".

Quant à moi, j'ai toujours crû que le filmer ne s'arrêtait pas au constat, au compte-rendu, qu'il devait, au contraire, mettre en œuvre des formes pour donner à voir de telle sorte que l'imagination du spectateur s'en empare pour soupçonner, sinon découvrir, l'intime des signes proposés (phrase écrite bien avant le 5 juillet 2007, date où Philippe Dagen évoque dans *Le Monde* du jour, les sculptures de Julio Gonzalès exposées alors, à Beaubourg, cf *Filmer*, ci dessus).

Envoi

La forme en effet va-t-elle / produire du contenu / faire fi du convenu / comme de la brocatelle / c'est la question j'en conviens / que la caméra me pose / hors motif quelle est la chose / d'où notre plaisir provient / celle d'où jaillit le style / aiguisant notre regard / révélant dessous le fard / la chair au parfum d'idylle.

Icônes électroménagères (n'est oxymore qu'apparent)

En 1981, conversant dans un couloir de Cognacq-Jay, avec Christine Ockrent et Patrick Poivre d'Arvor et à leur intention de présentateurs du journal, j'inventai cette appellation d'"icône électroménagère", qui vaut, aussi, pour les animateurs divers. *Icône* pour être exposée dans nos maisons sur des téléviseurs ressortissant à l'*électroménager*.

L'on sait qu'un(e) telle icône fixe l'objectif de la caméra pour donner, à qui le regarde, l'illusion d'être vue par elle, yeux dans les yeux, or, syllogisme : *l'on ne peut regarder que ce que l'on voit ; l'icône ne nous voit pas ; elle ne peut donc nous regarder*. Néanmoins la supercherie semble admise, sinon souhaitée, par beaucoup de "clients".

L'apparition, sur le téléviseur, d'une icône animée et sonore aurait-elle quelque chose à voir avec celle dont des enfants furent, à leurs dires les témoins à Lourdes et Fatima, hors même la qualité de miracle ? Un détail peut y répondre : la modestie de Marie, en ces occasions, semble avérée, quand celle de nos icônes continue à ne pas manquer d'Hertz.

Il est à remarquer que, durant une émission de télévision, l'icône apparaît plus longtemps à l'antenne que chacun de ses invités. Quand on sait qu'être vu à la télévision est l'aune de la distinction sociale, l'on voit ici le champ de tire auquel peuvent ressembler les plateaux.

Envoi

Icônes electroménagères / et forains impudents qui gèrent / nos téléviseurs trop dociles / ces micro-ondes à domicile / où réchauffe le consensus / ils font bien sûr la plonge en sus / idéologique rinçure / homéopathique gerçure / quotidiennement incisée / sur nos cerveaux hypnotisés.

Envoi

Moi je ne vous vois pas et vous m'avez à l'œil / j'ai une caméra vous avez un fauteuil / qui s'expose le plus l'icône ou le chaland / l'une et l'autre bien sûr quand règne le marchand.

Idéologie

Tantôt je réfléchissais / aux histoires innombrables / que les citoyens français / et nombre de leurs semblables / ont vu, entendu depuis / deux ou trois générations / vérités sortant du puits / plus qu'il n'en faut de rations / pour que leur moralité / toute fable ayant la sienne / les imprègne à pas comptés / de cardinales antiennes / solidarité ou bien / tolérance par exemple / bonne trame ferait lien / entre nous et hors du temple / hélas le seul des programmes / qui ait encore un effet / ne concerne pas les âmes / mais plutôt notre buffet / et quelques plaisirs en sus/ c'est donc la publicité / qui gère le consensus / dont nos vies et la Cité / s'imprègnent et allez donc voir / là-bas si j'y suis peut dire / la révolution grand soir / qui pourrait donc le prédire / même s'il n'est plus dit-on / à la mode, à la mode / faudrait changer de méthode / organiser la riposte / s'exprimer dedans le poste / où règne la gabegie / fin des idées au logis.

PS : A propos de publicité télévisée, je recommande la lecture de *On achète bien les cerveaux* de Marie Bénilde (éditions Raisons d'agir, 2007).

Images

(qui ne soient pas chromos / non plus photomatons / comme celles du temps / mâtinées rogatons)

"Il faut regarder une image avec le même engagement qu'une radio de ses poumons" (J.-L. Godard).

"Faire du langage de l'image une provocation à la réflexion et non une invite à l'hypnose". Umberto Eco

"L'image cède entièrement à l'attrait du visible, alors que le mot cède à l'attrait de l'invisible, c'est-à-dire de l'abstraction ; mais que deviendrait le regard s'il ne savait rien de lui-même et ne rencontrait jamais la surface des mots ? ", (Bernard Noël in *Les peintres du désir*, Belfond, p73).

Si toute image est signe, tout signe ne fait pas sens.

Moralité

(inspirée par le folklore rugbystique)

Quand il s'agit des images / c'est comme pour les pianos / là ceux qui les déménagent / ici qui en joue presto.

Information

Qu'il s'agisse des éditions quotidiennes ou bien de documents plus conséquents (reportages, documentaires) les récits télévisuels sont le plus souvent de style indirect, faits et gestes, paroles tierces, rapportés par un(e) journaliste ou en faisant fonction. Le récit de style direct, hors interviews ou propos recueillis, n'y intervient que modérément et pour arc-bouter la parole journalistique. Je n'ai jamais su discerner, dans cette pratique, la part de nécessité (pour éclairer le sujet concerné) et celle de la vanité du journaliste (dont la caméra, disons-le s'accommode aussi, plaisamment). Pourtant, de méritoires exceptions et même des œuvres entières, celle de l'étatsunien Frederick Wiseman par exemple, où s'expriment les seuls acteurs de la réalité filmée. Le commentaire révèle l'impuissance du cinéaste à exprimer le, les sens de son motif, par la seule caméra sonore.

Journal Télévisé

Le décor est monumental, la table d'hôte(s) contraignant les interlocuteurs à se tenir à plusieurs mètres les uns des autres, ce que nul protocole n'exige, et moins encore, la plus élémentaire civilité. Aussi bien assiste-t-on, en champs contre champs approximatifs, à des monologues alternés, plutôt qu'à des dialogues que favoriserait, peut-être, la proximité des intervenants.

En regardant les journaux télévisés, je me prends à regretter que le buste manchot du présentateur n'occupe pas sa juste place décorative, posé sur le téléviseur, peut-être, plutôt qu'en son centre. Y est-il tombé dans la nuit ? Il ne viendrait en effet à l'idée de personne de loger un dessus de cheminée dans l'âtre.

Le présentateur du journal télévisé joue le coryphée de la rédaction, mais au regard de ses confrères et sœurs qui se minent pour aller au charbon, il n'est, en fait, que leur *bougnat*.

NB : La télévision étatsunienne précéda la nôtre et inventa le présentateur du journal, dit là-bas "*anchorman*", homme-ancre. Cette métaphore a un double sens : l'ancre évoque les bras de l'icône devenue doublement manchotte chez nous et *fixe* le chaland devant son téléviseur.

Métaphore

Santiago Calatrava, architecte, parle d'une série de colonnes inclinées érigées dans une gare nouvelle à Zurich : "... j'aurais pu, par exemple, dessiner de simples cylindres, mais j'ai choisi une articulation en forme de main [...] comment mieux exprimer la fonction des colonnes en les investissant du sens du geste physique de porter ? "

Voilà l'ambition qui doit animer un cinéaste : inventer des formes de filmer métaphoriques, produisant du sens confluent à celui que le motif exprime jusqu'au point de s'y confondre. Je pense, me concernant, à tel plan de *Un pas ou deux sur la neige*, pas de deux de Cyril Atanazoff et Brigitte Lefèvre ou pas de trois de Martine Kelly, Christine Reynolds et Dirk Sanders dans *Du bonheur et rien d'autre* (cf Ch. 11), où la caméra se mêle de l'entrelacs déployé par la chorégraphie, à tel point qu'elle lui est consubstantielle, son mouvement devenu danse lui même.

Mise en scène

La chorégraphie tramant les rapports, les comportements physiques, visuels, des personnages dans l'espace et le temps compose, essentiellement, la mise en scène (elle est au filmer ce que le motif est à la peinture). La "direction d'acteurs" la complèterait, prétendent certains (il est, néanmoins, établi qu'aucun des grands réalisateurs de Hollywood ne s'y adonnait).

Montage

Le montage consiste, on le sait, à joindre les plans d'un film, les uns aux autres, dans un ordre tel, qu'un sens puisse lui être donné ; raccorder le mouvement, pour créer l'illusion de sa continuité, ou contiguïté provocante d'images, sont les modes les plus usités, auquel peut être ajouté le montage "parallèle" qui fait alterner des prises de vues d'actions différentes, mais partageant le même temps, et dont le rapport est, généralement, de cause à effet (un personnage en danger et les secours accourant, par exemple).

Les exceptions à cette manière d'organiser le récit d'un film ressortissent, plus ou moins violemment, à son paroxysme : rafales (D. Vertov), crépitement (la séquence de la douche, in *Vertigo*, Alfred Hitchcock), collision (les films de A. Péléchian).

De cette figure de style j'ai retenu un cas d'école exceptionnel dans *Muriel*, d'Alain Resnais : deux protagonistes conversent dans, un café, quand deux autres dialoguent en appartement. Le réalisateur n'y fait pas qu'alterner, classiquement, deux situations, mais croise, littéralement, les deux échanges : une réplique prononcée dans le café répond à telle autre, prononcée dans l'appartement, et vice-versa, de telle sorte qu'un dialogue, objectivement irréalisable, mais subjectivement entendu, devient une manière de *cadavre exquis*.

Multi-caméras (Filmer aggloméré ou filmer monoxyle)

La fragmentation de l'action (et donc de l'espace et du temps), agglomérée par montage, constitue classiquement, on le sait, le passage obligé de l'écriture cinématographique.

Les quatre caméras équipant studios et cars de reportage des premiers âges de la Radio Télévision Française, contrainte à la diffusion en direct, induisaient déjà le montage où prévalait le champ-contrechamp classique, sinon déjà académique, en son temps (au regard de la Nouvelle Vague et d'*A bout de souffle*, notamment). Les 17 caméras ou plus "nécessaires" pour filmer, aujourd'hui, un match de football ne sont que l'expression d'un désir d'ubiquité des filmeurs répondant à une demande supposée de "clients" voyeurs, voraces, dont il faudrait combler le goût de satiété ("satiété sans classe", me souffle Pierre Baudry). Tel est l'état actuel de l'expansion hypertrophique du souhait supposé des "abonnés" de Canal +, initiateur de ce dispositif, dès 1984, via Jean-Paul Jaud, réalisateur, qui fut de *La passion* et du *Grand inquisiteur*, valeureusement (cf. Ch. 13).

L'accumulation d'informations peut être le moyen d'échafauder ses connaissances mais, en l'occurrence, elle peut n'être qu'un amoncellement de points de vue imagiers disparates, brouillant la perception même de l'action, de l'espace (qui trop embrasse, mal étreint). Les angles de prises de vues plus ou moins plongeants, de 45° à l'horizontale, et, au-delà, en contre-plongée, au sol même, ajoutés à la variété des focales, courts foyers et téléobjectifs alternés, écartèlent l'espace. Dans l'ordre du langage, on frôle ici baragouin, jargon et charabia.

Le regard et l'ouïe d'un spectateur dans le stade opèrent sans frustration depuis une seule et même place. Pourquoi en faut-il 17 ou plus à la télévision ? Primat du quantitatif, réaction proprement infantile (le choix, le renoncement participent de l'état adulte) ? La multiplication des "replay" dans un match témoigne de cette volonté de l'offre de décourager toute revendication de la demande (à trop vouloir flagorner, la nausée menace parfois). L'affaire est entendue : le marché triomphe ici comme ailleurs, où le client est roi. Mais de qui, mais de quoi ?

La juxtaposition des points de vue permise, par l'utilisation de caméras multiples, fait-elle diversion ou leur diversité engendre-t-elle le mieux voir et donc le mieux comprendre (*diversion* : détournement d'objectif ; *diversité* : ici, quantitative, considérée comme la fin de tout projet humain.

Une figure de style usitée sur tous les plateaux à multi-caméras depuis le début de ce 21ème siècle, consiste à cadrer le lieu en plan d'ensemble en logeant, au premier plan, un téléviseur assurant le *didymisme* (cf. *caméra*, plus haut) du récit : le locuteur du moment y figure en gros plan, sacrifiant à l'idolâtrie *capitale* régnante (je ne donne pas cher de l'avenir d'un réalisateur dont l'écriture comporterait des plans larges "secs" et répétés).

Le multi-caméras suggère que l'apparente ubiquité qu'autorisent ses points de vue traque, et révèle, la réalité des choses, quand le plan-séquence tente de l'explorer, guidé par le doute.

Orthographe (à propos d')

Je filmai d'un seul tenant / quelque danseur sémillant / près d'une femme de charge / balayant de long en large / le studio pour éviter / à l'artiste d'hésiter / craignant une égratignure / pour ses pieds nus conjoncture / de laquelle ai retenu / qu'entre le trotte-menu / et la dame technicienne / obstinée comme une antienne / il y avait l'orthographe / ballet pour le chorégraphe / et le balai avec manche / ici l'égalité flanche / des chances de nos amis / est-ce là juste tamis

Réalisateur (et parfois cinéaste)

Est réalisateur celle, celui, qui rend "réelle" la représentation imagière, mobile et sonore d'un événement. A sa guise, deux modes, de réaliser : *rendre compte* de l'événement ou *rendre conte* l'événement.

A la télévision, aujourd'hui et depuis deux décennies, s'agissant d'un événement filmé, en studio (variétés, talk-show), le découpage spatio-temporel du récit se fait à un rythme de commutation des caméras-multiples tel (chaque plan ne dure que deux à cinq secondes) que les réalisateurs concernés, postillonant leurs plans dans la bouche des postes, méritent plutôt le nom de lynotypistes hertziens (voir plus haut) stroboscopiques. S'ils connaissaient Dziga Vertov, ils s'en diraient disciples, mais stériles, apparemment.

NB : Une mouche les aurait-elle piqués ou bien la pression digitale sur les touches du pupitre, en régie (avant celles des télécommandes à domicile), figurerait-elle la morsure d'un diptère sur le temps (celui qu'il faut laisser au taon) ? Agités avant de s'asservir ?

Envoi

A défaut de point de vue / ici fleurit la bévue / sans compter les coloriages / les guirlandes de verbiage / ce pour faire diversion / assurer la soumission / façon de maquerellage / de tout citoyen volage.

Réalité

Pour Bernard Noël, le *réel* est fait de la matérialité des choses et la *réalité* est la perception que nous en avons en retour.

Réel

Du réel dites-moi peut-on bien rendre compte / le processus qui va de tel éclat de vie / jusqu'à son impression contrarie cette envie / d'en piéger l'avenir la fixité trop prompte / ne l'autorise pas le mouvement s'achève / de la réalité dès que représentée / elle s'ébroue ailleurs hors de notre portée / la caméra induit l'asymptote sans trêve

Regard (à propos de)

Les réalisateurs pionniers de la Radio Télévision Française ont reconduit, valeureusement, terme à terme, les règles et conventions formelles du cinématographe, à Cognacq-Jay comme aux Buttes-Chaumont. La seule contravention à ses règles est le regard dans l'objectif et ce ne sont pas les réalisateurs qui en furent les inventeurs : les icônes s'en chargèrent.

En fiction et documentaire, l'on filme des comédiens et des acteurs de la réalité qui ont l'élémentaire politesse de regarder leur interlocuteur. Les squatteurs cathodiques, en revanche, abusent les téléspectateurs en fixant leur regard sur l'objectif, provoquant ainsi, chez chacun d'eux, l'illusion d'une adresse personnelle, quand ces professionnels n'y voient que leur reflet comme Narcisse à la fontaine. Ce regard yeux dans les yeux, et en toute innocence apparente, de son auteur, a deux effets : masquer bien sûr, la lecture de son texte sur le prompteur fixé dans l'axe de l'objectif et, peut-être, comme fait, dit-on, le serpent à sa proie, nous hypnotiser comme la dévitalisation civique d'un grand nombre de contemporains tendrait à en démontrer la réalité.

La situation d'un journaliste, invité en plateau, par son confrère le présentateur du journal pour un commentaire est cocassement des plus inconfortables encore, il fixe à hue et à dia alternativement, son confrère et son texte déroulé, conscient de son incivilité, mais bientôt balayée pour fixer prioritairement l'objectif, par souci, peut-on croire, d'assurer correctement son ouvrage.

Studio (Il faut dynamiter les studios apocryphes)

Inventé par le cinéma pour maîtriser la lumière et, plus tard, le son, afin de favoriser l'excellence de la représentation de la réalité, le studio de télévision est lui aussi un lieu se préservant des trivialités du monde, un lieu stérile ou pour mitonner l'idéologie la plus consensuelle qui soit : un attendrisseur, en somme, cet outil de boucher pour viandes récalcitrantes.

Il se pare de monumentaux atours, chromos multicolores a giorno illuminés (dont la foule raffole si l'on en croit l'audimat) et, aujourd'hui, la scénographie de ce parloir est telle qu'en nul autre lieu connu, des personnes invitées à échanger des propos ne se tiennent à pareilles distances les unes des autres (toutes tournées vers l'icône ; retour à l'héliocentrisme, peut-être). Tout au long de mon parcours, je me gardai de l'enfer du décor, lui préférant l'envers et contre tous.

Les caméras avec leur fil à la patte y sont des appelants, semblables à ces palombes entravées attirant leurs congénères dans le filet où elles se font, illico, tordre le cou (l'on quitte rarement un studio indemne).

A noter que le studio est le lieu où les icônes et leurs talk-shows récupèrent ce que le monde du spectacle n'exhibe pas dans ses tours ; leurs chutes, en somme, recyclées régulièrement ici, parfois, plus que trivialement, et toujours sur le ton de la plaisanterie, de la dérision, pour arracher leurs *clients* à la morosité. La complicité des hôtes de ce méchant théâtre-là mériterait que leur accès au studio s'effectue, à vue, par une porte d'un mètre cinquante de haut les obligeant, dès l'entrée, à courber l'échine pour métaphoriser leur statut de vassaux du pouvoir hertzien.

Subjectif (plan)

Le plan, dit subjectif ("vu par le personnage", dixit le filmeur) constitue un acte de démission du cinéaste : son droit d'aînesse est incessible au motif (Alfred Hitchcock, en abusa, et n'est pas le seul). La subjectivité de la caméra ne peut être que celle du cinéaste. Les acteurs ont conscience de la présence de la caméra mais pas les personnages qu'ils interprètent, non plus qu'ils ne l'ont du "4ème côté"de la scène théâtrale. La caméra et la salle de théâtre sont, ici, à l'espace ce que l'avenir est au temps, et dont personne ne peut jurer.

Synchronisme (de l'image et du son)

La pratique du découplage image-son, dans un plan séquentiel, est-elle applicable au documentaire ? Filmer un monologue, (fût-il adressé à un tiers dont "l'écoute" peut être "vue") et ne pas montrer le locuteur, provoque un sérieux accroc dans le tissu relationnel habituel du téléviseur et du spectateur. L'effacement du champ de la caméra d'un sujet en train de s'exprimer peut être vécu par lui comme une incorrection, sinon une offense à son encontre (et comme une frustration par le spectateur). Et pourtant, filmer, est, en principe, un mode d'expression artistique, celui d'un cinéaste, qui ne peut être confondu avec les bonnes manières (leurs modèles ont-ils jamais reproché à Picasso ou à Bacon, la forme de leur portrait ?). L'on doit à l'ignorance des acteurs de la réalité, en la matière, et à l'affabilité de nos hôtes de pouvoir les cadrer à notre guise (alors que sous contrat, les comédiens, sont dépeçables à merci).

Envoi

Il se pourrait bien et baste / que dérober à la vue /soit peut être le nec plus / ultra du vrai cinéaste

Talent

L'on ne sait pas ce que c'est, mais quand il n'est pas là ça se voit.

Téléviseur (grand alambic du consensus)

L'écran de nos téléviseurs est de format 1,33 (24/36) comme l'était celui de nos cinémas jusqu'à l'invention du cinémascope (1/2), puis du 1,66 et du 1,85, format américain obtenu par l'usage d'un cache réduisant la dimension verticale du rectangle, au bénéfice de l'horizontale. A cela, rien à dire, sinon à préférer tel format à tel autre lorsqu'il est projeté en salle équipée d'un écran de proportions compatibles et respectant le format originel du film.

Mais il n'en est pas de même dans le cas où l'on n'est pas propriétaire d'un téléviseur 16/9è. Aussi, lorsqu'un film produit pour le cinéma ou la télévision est tourné dans un format qui n'est pas le 1,33, c'est-à-dire la quasi totalité de la production, il est projeté avec deux bandes noires horizontales obturant le sommet et la base de l'écran, ainsi privé d'image sur un *cinquième* de sa surface. Il s'agit manifestement d'une fraude commerciale, de tromperie sur la marchandise au prétexte de distinction cinématographique, le plein écran faisant péjorativement "télé". L'on retrouve ici le distinguo (prétendument) aristocratique du grand écran. Ce fléau n'est d'ailleurs pas réservé aux téléfilms : depuis quelques saisons, des émissions de plateau font de même.

En un temps où le quantitatif est un argument de vente (voir les produits affichant en promotion 10 ou 20 % supplémentaires pour le même prix), il est paradoxal de constater l'indifférence des consommateurs devant cette pratique, à moins qu'ils ne considèrent comme un bienfait d'échapper, ainsi, quasiment au quart de l'insignifiance télévisée.

Envoi

Le tain de ce miroir s'écaille fichûment / ce qui est réfléchi ressemble étrangement / à la voûte d'un ciel aux nuages d'épines / et cette lèpre va gagnant notre rétine / notre téléviseur fait sa langue d'Esope / sauf à dire que pire est plutôt son échoppe

Télévision (citations, en hommage, in memoriam)

"Les industries audiovisuelles [...] produisent des simulacres qui ne sont pas des reproductions du réel, mais des trompe-l'œil, des illusions, non d'optique, mais d'existence."

Pierre Schaeffer

"[...] Dans son fauteuil, l'homme privé - qui ne se sent même plus citoyen - assiste à l'univers sans avoir prise sur l'univers et sans en avoir le souci. Il regarde le monde, il se mondialise, mais en tant que pur et simple regard. [...]. Un regard social posé sur l'image des choses mais réduit à l'impuissance, à la non-participation. [...] C'est bien un regard privé, un regard de privatisation."

(Henri Lefèbvre, *Critique de la vie quotidienne*, tome 2, 1961.)

"Plus nos possibilités d'expérience directe sont parfaites, plus facilement nous nous laissons prendre à l'illusion dangereuse qui consiste à croire que voir équivaut à connaître et comprendre."

Rudolf Arnheim, Interciné (1935), éd française in *Le cinéma est un art*, l'Arche, 1989

"L'audiovisuel, un langage en train de quitter l'Homme."

André Leroi-Gourhan

"La télévision est une machine à regarder qui pourrait bien fabriquer une espèce inédite d'aveugles."

Armand Robin, in *Massage* (1954)

L'ordre et ses pouvoirs n'ont pas inventé la télévision, mais se réjouissent de sa collaboration complice, pendant que le téléspectateur est devant son poste, le citoyen n'occupe pas la rue.

Rappel : passer à la télévision ne grandit pas plus que de grimper aux arbres.

Télévision de proximité

Les chaînes nationales de télévision utilisent pour forme la fragmentation systématique de l'espace et du temps (plans multiples et courts qui ressortissent à la *ripopée*).

Ce lien dialectique de la forme et du fond est tout exactement opposé à celui qui est en œuvre dans une télévision de proximité telle que je l'imagine après avoir participé à quelques préfigurations locales (de plus, il fait l'économie des salles de montage) : sa forme est le plan-séquence, hôte de la continuité temporelle et de l'unité spatiale de la vie courante, et son contenu, la production de lien social tressé par la libre expression des citoyens, solidaires acteurs du monde réel dont l'expérience, locale comme leur télévision, les relie par réflexion collective et démocratique au mouvement général du monde contemporain (à noter que donner la parole n'a de sens qu'à la recevoir en retour et réciproquement). On peut imaginer quel instrument de culture civique et politique constituerait sur le territoire national (et au-delà) un réseau de ces télévisions, à l'échelle de deux ou trois cantons. Néanmoins, avec Henri Lefèbvre, l'on peut s'interroger sur l'efficacité de la diffusion *à domicile* de cette télévision, fût elle de *proximité*. Le risque est réel d'engendrer les mêmes effets que les chaînes nationales, et d'abord la tentation de *délégation de pouvoir* à leurs artisans et animateurs, comme nous faisons pour tout producteur de biens d'usage courant, programmes de télévision inclus.

Quelques valeureuses équipes associatives de "médias libres", à Paris et dans les régions, en mal de canaux hertziens, transportent leurs cassettes - d'où leur nom de "télé brouettes"- dans des lieux publics pour des diffusions collectives. Si elles rappellent l'ancien mode forain de projection de films jusqu'aux années 30, dans notre pays, ces représentations villageoises ou de quartier pourraient être aussi des instruments influant sur l'avenir commun ; par la réflexion critique, l'échange d'opinions sur la vie courante, et, pourquoi pas, des décisions d'actions communes pour la transformer, bref, un vrai contre-pouvoir démocratique : de la politique active, en somme.

Le bénévolat qui préside, actuellement, à la production de ces ateliers vidéographiques ne permet pas de mettre en œuvre une telle utopie ; l'homme ne vit pas que de pain, mais, encore faut-il pouvoir le payer.

PS : *Libération* n°7552 des 20 et 21 août 2005 titre "Tous journalistes ?" et en sous-titre : "Blogs, sites citoyens, photos et vidéos d'amateurs : le monopole des médias sur l'information est battu en brèche". En page 3, Cyril Fievet (*Point blog, Blog story*), à la question "s'agit-il d'une démocratisation de l'information ?", répond : "C'est une étape majeure : la perte du monopole des médias et des journalistes sur l'information. Ils ne sont plus les seuls à rapporter ce qui se passe dans le monde. [...] La véritable question est l'avenir du journaliste qui se retrouve en concurrence avec des millions de gens". Les instruments nouveaux intervenant sur internet sont aussi utilisés par des chaînes de télévision. Télé Nantes, nous apprend N. de la Casinière, dans ce numéro de *Libération*, a fourni une centaine de téléphones mobiles 3G (de 3ème génération SFR, Motorola) faisant fonction de caméra à des téléspectateurs qui font parvenir au diffuseur des "visios" personnels. "Cette télé interactive de demain crée une nouvelle relation de proximité, au vrai sens du mot", dit Dominique (nouveau directeur de la chaîne). Mon projet d'AquiTV (cf. Ch. 19) consistant à créer des "comités de rédaction" de citoyens dans les villages périgourdins, en 1991, avait donc des allures d'éclaireur *au plus près*.

La proposition de ces quelques maîtres de l'audiovisuel n'engage pas les "journalistes" amateurs à l'exercice politique ; l'on sait la neutralité des reporteurs (de mots ou d'images) aussi "leur respect des standards élevés d'honnêteté, d'expertise et de loyauté" (Dan Gillmur, in *Libération* n°7553), à laquelle les nouveaux venus ne sont pas soumis. Ceux-ci doivent, quand même, être "minutieux, intègres et transparents sur leurs activités" précise-t-il ; néanmoins leur expression se perd dans le cratère d'informations sans susciter de discussion, précisément, politique, de leurs points de vues. Je crains que cet exercice n'ait plutôt à voir avec "le jeu de l'ego" et la rubrique “vu à la télé” pour ces acteurs, histoire, pour les producteurs, de faire *fraîche* de tout aloi.

Temps (mélange des)

Il m'est arrivé de joindre, dans le même espace, une action et un souvenir concernant un ou des protagonistes filmés. L'intérêt d'accueillir dans un même plan le présent et le passé sans que le temps du récit et l'espace ne soient rompus, tient à ce que ce mode est l'exacte allégorie de la mémoire de l'homme : la contiguïté de l'action immédiate et de l'évocation du passé (flash back) est ici la même que celles du travail de sa pensée. En revanche une fracture, matérialisée par une collure entre deux plans, dissocierait présent et passé comme si le souvenir n'était pas, dans le même moment, l'hôte de la même personne (qu'est-ce qui pourrait bien les séparer ?).

L'on voit que cette dernière manière marque la distance temporelle qui sépare les deux actions citées quand l'autre en souligne, au contraire, la proximité mentale. Pour l'un le souvenir est “lointain”, pour l'autre reviviscent.

Théâtre filmé (au sens propre et non bressonnien)

Dans l'audiovisuel, la conviction fait loi, selon laquelle une pièce de théâtre filmée n'est pas de nature cinématographique. Le filmage sur pellicule de toute réalité matérielle est pourtant le mode usuel du cinéma de produire des images animées, sonores. Doit-on imputer ce jugement au fait que les films seraient de première main, s'agissant de documents inédits, quand le théâtre participerait de “l'occasion”, pour avoir été préalablement “consommé” publiquement ?

La qualité théâtrale de la langue et de l'interprétation échappant, plus ou moins, à la trivialité, distancierait-elle le spectacle, contrariant ainsi la prétendue catharsis coutumière ? Ou bien la mise en scène, échappant à un environnement “réel”, fossiliserait-elle les personnages, sinon leurs interprètes, stérilisant ainsi le message dramatique ? Au théâtre, le spectateur, en un temps et un espace communs, est complice in vivo de l'action exposée, quand, au cinéma, à la télévision, il est un voyeur, et le voyeurisme, même de second degré, exige peut-être des marques de réalité qui feraient défaut au spectacle théâtral. Le théâtre échapperait-il au réalisme dont l'objectif fait d'ordinaire son leurre ? La caméra, en l'occurrence, photocopie-t-elle des *personnages* quand elle a pour travail de filmer des *personnes,* son pouvoir consistant à transformer, précisément, une *personne* en *personnage* par le seul fait de la filmer ? Quand elle filme du théâtre, le personnage existe déjà : la métamorphose est réalisée. La caméra serait-elle alors sans effet, hors celui de duplication ?

Tiers Secteur Audiovisuel

(en l'an 2000, j'envoyai cette contribution à Michel Kajman, rédacteur en chef chargé de la page "Horizons-débats"au journal *Le Monde*)

Mon combat pour une télévision différente n'ayant cessé depuis près de vingt ans, ni ma conviction cédé le pas, je me permets de vous faire parvenir quelques propos concernant l'avenir du Tiers Secteur Audiovisuel que défendent d'opiniâtres jeunes gens, "médiateurs libres" (et méritants). La loi Trautman remise sur le métier, le 21 mars prochain, m'a semblé une occasion opportune pour exprimer une opinion minoritaire sur le sujet.

Pour un Tiers Secteur Audiovisuel

"La communication audiovisuelle est libre" affirmait un article de loi sur l'audiovisuel présentée par Georges Fillioud en 1982. Dix-huit ans plus tard, il n'en est toujours rien.

Le Parlement européen, dans une résolution de 1995, demandait aux Etats membres de "promouvoir l'accès direct des citoyens aux médias audiovisuels par la création de chaînes ouvertes". Pas davantage d'effet. A quelques jours de la deuxième lecture de la loi Trautman, rafraîchir la mémoire du législateur peut être utile à l'avenir d'une autre télévision.

En effet de valeureux pionniers, depuis deux ou trois lustres, se sont mis à produire des images et des sons, en ville et dans les campagnes, colportant leurs films dans les quartiers, les villages et piratant, à l'occasion, une fréquence hertzienne comme firent, une fois encore, ce samedi 11 mars, les réalisateurs de la Coordination Permanente des Médias Libres. J'étais à leurs côtés, avec Michel Polac, pour soutenir leur revendication de voir reconnu et régularisé ce "Tiers Secteur Audiovisuel" qu'ils inventent chaque jour, à but non lucratif et d'accès public [...].

Voici une occasion, pour la majorité plurielle de commencer à rendre réelle la "nouvelle citoyenneté" que Pierre Mauroy promettait, en 1981, en légiférant utilement : légalisation de chaînes associatives décentralisées, création d'un fonds de soutien alimenté par une taxe sur le chiffre d'affaires commercial des chaînes, attributions de subventions publiques, et de fréquences incessibles au secteur privé, transport gratuit de leur signal par les distributeurs commerciaux.

Ces télévisions de proximité, de pays, doivent être envisagées comme des outils d'utilité civique et culturelle, d'animation, de formation, d'intégration, pour tous et par tous y exerçant librement leur socialité. Ainsi le Tiers Secteur Audiovisuel serait-il un instrument de démocratie vivante, riche de cette "diversité dont il nous faut faire naître la vie commune", comme dit François Du Castel.

La démocratie est très régulièrement invoquée par tous les politiques, comme le moyen et la fin de toute société humaine. Le 21 mars au Palais Bourbon, ils auront une bonne occasion de nous convaincre de leur bonne foi.

Vézelay

Je rêve d'un plan, montrant de dos et en plongée, Bernard, à Vézelay, prêchant la deuxième Croisade (1147-1149) aux milliers de chevaliers et de serfs amassés sur le flanc de la colline où se dresse la basilique ; la caméra se déplace vers la gauche, surplombant la foule, et descend le long des futurs croisés. L'un d'eux, vers le vingtième rang, questionne son voisin devant lui : “Que dit-il ?” L'autre résume le message des premières phrases de Bernard, à la cantonade. “Dieu le veut !”, etc. Ainsi va, par bribes, cascadant de bouches à oreilles, son prêche dont la caméra accompagne la course jusqu'au dernier rang des auditeurs qu'elle contourne pour filmer la foule de dos et la silhouette minuscule de Bernard, sur fond d'abbaye, bénissant les nouveaux croisés qui s'agenouillent. Cette figure de style, à forme de travelling, pourrait être nommée, ainsi qu'en rhétorique, *parataxe* (la dénomination est d'allure administrative mais sa définition la lui fait pardonner) : “disposer, côte à côte, deux propositions, sans marquer le rapport de dépendance qui les unit”, comme ici, les deux parcours, l'un, invisible, de la parole, et l'autre de la caméra.

Manière de conclusion (pour prendre congé)

Au terme de ses "heures supplémentaires" le lecteur pourrait souhaiter connaître la raison pour laquelle je les ai *faites*. Je m'inspirerais, pour répondre, d'un propos d'Axel Kahn. Pour ce biologiste, notre humanité serait avérée, particulièrement, par notre capacité à éprouver du *plaisir esthétique*.

Comme le lecteur précité, je crois appartenir à cette humanité là et c'est pourquoi tous les propos et commentaires qui précèdent ont l'ambition d'être, et seulement, d'un gué, quelques galets, menant à l'autre rive où règnerait, simplement, Beauté, la sans-pareille.

Post-scriptum

J'exprime ma fraternelle reconnaissance à celles et ceux qui m'accompagnèrent dans cette traversée des plateaux, des régies, des salles de montage, des cars de reportage et dont les savoir-faire imprègnent les réalisations que j'ai signées de 1964 à nos jours, aussi à Pierre Baudry in memoriam et Laure Guillot, pour la mise à jour de cette chronique.

Il me faut signaler que je reçus quelques signes d'intérêt de la part de tiers inconnus que je remercie, encore, ici, mais préciser aussi que d'autres ne pouvaient me voir en peinture ; il m'arrivait, néanmoins, d'être visible en cinématographie, ceci expliquant peut-être ceux-là.

Mon épitaphe, à l'occasion :

Cinéaste je fus d'aventure fauteur
D'images pour trousser sanglades à la hauteur

Je vous remercie de votre pugnace attention.

Filmographie

1956 Assistant-réalisateur de Marcel Carné, Sacha Guitry, Maurice Cam, Guillaume Radot et Paul Paviot

1957-58 Assistant-réalisateur de André Sarrut et Jacques Asseo

1959 Réalisateur avec Ado Kyrou de *Parfois le dimanche* (F), court-métrage

1959-61 Entre à la Radio Télévision Française, assistant-réalisateur de Stellio Lorenzi, Pierre Badel, Roger Iglesis

1961 Réalisation de *L'homme du Névada* (F), court-métrage

1963 Nommé réalisateur à l'ORTF

Filmographie télévisuelle

Le titre des ouvrages est suivi de F pour fiction, D pour documentaire, V pour variétés, E pour Entretien.

1964-70 Discorama (V)

1965 Passant par Paris (V)

1966 Bienvenue chez Guy Béart (V) –
Permis la nuit (E)

1967 Allegro (V)

1968 Le nouveau dimanche (V)
Le pique-nique (V)

1969-70 L'invité du dimanche (D)
Qui marions-nous ? (V)

1969	C.N. Ledoux ou la ville idéale (D) L'invité du dimanche (E)
1970	Music and dance : Esquisse (V) Du bonheur et rien d'autre (F) Le monde en fête (D)
1971	Peut-être un pas ou deux sur la neige (F) Portrait de Jeanne (Moreau) (D)
1972	Vivre aujourd'hui, La fête (D) Soudain un écureuil (F)
1974	La croisée (F) Inventaire au pays Basque (D)
1975	Un jour futur (V), Best Seller (E), L'œuf de Colomb (D)
1976	Un récit, ce quinze août (D)
1977	Mamma Rosa ou la farce du destin (F) – Supplément au voyage de Bougainville (F)
1978	La Passion (F) – Drôle de baraque (V) Le grand inquisiteur (F) Aragon dits et non-dits (D)
1979	Les petits soirs (F) – Les aiguilleurs (F)
1980	Chants et conversations d'Anna avec Raoul (D) Don Quichotte à Nanterre (F)
1981-82	Le journal d'en France (I) – Le tribunal des flagrants délires (V)
1982	Il pleut, il pleut rosière (F) Le château magique (V) L'Enéide (F) – La chance aux chansons (V)
1984	Télé Cité 1ère (TV locale)

1985	Sombre affaire rue Watt (F) – Naïves hirondelles (F) Macadam 2 (V)
1986	Canal 101 (TV Locale)
1986-87	Télévision Caraïbes (TV Locale) Henri Lefèbvre ou le siècle traversé (D) Les aventures de Tisot et compère Pansa (F)
1987	Télé Toulouse (TV Locale) (I) Avignon, 40 ans (D)
1988	Comment s'en sortir sans sortir (poème de Ghérasim Luca) La chance aux chansons (V)
1989	Les trois trajets d'Armand Gatti (D) L'archéologie, une idée à creuser (D) La chance aux chansons (V)
1990	Continentales (I) Chapiteau 3 (V) La chance aux chansons (V)
1991	Mémoires d'Ex (I) – Aqui TV (TV Locale) Attention à la peinture (D)
1991-98	Références (321 émissions de 26') (D)
1993	Rage et outrage (D et V) **Fin du professionnalisme.**
1995	Lear, moments et visages (F)
1996-97	Apparition mortelle (F) Télévision Création Citoyenne (D)
1997	Pierre Célice s'expose (D) Bernard Noël en Cévennes (D)
1998	La mesure de Jean-Pierre Jouffroy (D)
1999	Télé Bocal (TV Locale)
2000	Armand Gatti promène son chien (D) Ladislas Kijno en majesté (D)

Bernard Noël en Cévennes 2 (D)
Raul Velasco en atelier (D)

2001 Artzamendi de Serge Pey (D)
Maître Albert Duten (D)
L'atelier d'Albert Féraud (D)
L'atelier de Jacques Brianti (D)

2002 Coutelle en atelier (D)
Coutelle expose (D)
Gérard Paris-Clavel à Chalons (D)

2003 L'atelier de Henri Maccheroni (D)
Proférations de Serge Pey (D)
Du service public français (D)
Claude-Louis Combet prend le soleil
avec Henri Maccheroni (E)
Pierre Mussot parle (E)
Yves Clot à domicile (E)
François Ruffin, petit soldat du journalisme (E)

2004 Burunka (V) – Le lait du père (F)

2005 Metazone (E) Gérard Paris-Clavel à Bagneux (E)

2006 Des inventeurs de l'ORTF ou de quelques Cognacq-Jaypithèques (D)
Hommage à Bernard Manciet
(Bénat Achiari – Bernard Lubat)
Une performance de Speedy Graphito
L'Observatoire des Mouvements de la Société
prend la parole...

2007 Zalea Tv

Directeur de la maison de la Culture de Nanterre (92), 1978-81

Président de l'Institut Européen du Cinéma et de la Télévision (IECA, Faculté de Nancy II), 1992-2007

Grand prix SACEM 2007 de l'auteur-réalisateur de l'audiovisuel pour l'ensemble de sa carrière.

Table des matières

L'HARMATTAN, ITALIE
Via Degli Artisti 15 ; 10124 Torino

L'HARMATTAN HONGRIE
Könyvesbolt ; Kossuth L. u. 14-16
1053 Budapest

L'HARMATTAN BURKINA FASO
Rue 15.167 Route du Pô Patte d'oie
12 BP 226
Ouagadougou 12
(00226) 50 37 54 36

ESPACE L'HARMATTAN KINSHASA
Faculté des Sciences Sociales,
Politiques et Administratives
BP243, KIN XI ; Université de Kinshasa

L'HARMATTAN GUINÉE
Almamya Rue KA 028
En face du restaurant le cèdre
OKB agency BP 3470 Conakry
(00224) 60 20 85 08
harmattanguinee@yahoo.fr

L'HARMATTAN CÔTE D'IVOIRE
M. Etien N'dah Ahmon
Résidence Karl / cité des arts
Abidjan-Cocody 03 BP 1588 Abidjan 03
(00225) 05 77 87 31

L'HARMATTAN MAURITANIE
Espace El Kettab du livre francophone
N° 472 avenue Palais des Congrès
BP 316 Nouakchott
(00222) 63 25 980

L'HARMATTAN CAMEROUN
BP 11486
Yaoundé
(237) 458 67 00/976 61 66
harmattancam@yahoo.fr

Achevé d'imprimer par Corlet Numérique - 14110 Condé-sur-Noireau
N° d'Imprimeur : 45422 - Dépôt légal : décembre 2007 - *Imprimé en France*